CLASSICS OF THE FORBIDDEN CITY

故宫经典 **THE BUDDHIST STATUES WITH DATE INSCRIPTIONS
IN THE COLLECTION OF THE PALACE MUSEUM**

故宫纪年款佛像图典

故宫博物院编
COMPILED BY THE PALACE MUSEUM
故宫出版社
THE FORBIDDEN CITY PUBLISHING HOUSE

图书在版编目（CIP）数据

故宫纪年款佛像图典 / 故宫博物院编 . –– 北京：故宫出版
社，2019.4
（故宫经典）
ISBN 978-7-5134-1197-4

Ⅰ . ①故… Ⅱ . ①故… Ⅲ . ①佛像－中国－图集Ⅳ .
① B94-64

中国版本图书馆 CIP 数据核字 (2019) 第 043984 号

故宫经典
故宫纪年款佛像图典

故宫博物院 编
主　　编：冯贺军
副 主 编：赵芸格
撰　　稿：田 军　胡国强　冯贺军　赵芸格
摄　　影：赵 山
图片资料：故宫博物院资料信息部
责任编辑：张志辉
装帧设计：耕莘文化
责任印制：常晓辉　顾从辉
出版发行：故宫出版社
　　　　　地址：北京东城区景山前街 4 号　邮编：100009
　　　　　电话：010-85007808　010-85007816　传真：010-65129479
　　　　　邮箱：ggcb@culturefc.cn
制版印刷：北京雅昌艺术印刷有限公司
开　　本：889 毫米 ×1194 毫米　1/12
印　　张：27
版　　次：2019 年 4 月第 1 版
　　　　　2019 年 4 月第 1 次印刷
印　　数：1 ～ 2,000 册
书　　号：ISBN 978-7-5134-1197-4
定　　价：420.00 元

经典故宫与《故宫经典》

故宫文化，从一定意义上说是经典文化。从故宫的地位、作用及其内涵看，故宫文化是以皇帝、皇宫、皇权为核心的帝王文化、皇家文化，或者说是宫廷文化。皇帝是历史的产物。在漫长的中国封建社会里，皇帝是国家的象征，是专制主义中央集权的核心。同样，以皇帝为核心的宫廷是国家的中心。故宫文化不是局部的，也不是地方性的，无疑属于大传统，是上层的、主流的，属于中国传统文化中最为堂皇的部分，但是它又和民间的文化传统有着千丝万缕的关系。

故宫文化具有独特性、丰富性、整体性以及象征性的特点。从物质层面看，故宫只是一座古建筑群，但它不是一般的古建筑，而是皇宫。中国历来讲究器以载道，故宫及其皇家收藏凝聚了传统的特别是辉煌时期的中国文化，是几千年中国的器用典章、国家制度、意识形态、科学技术以及学术、艺术等积累的结晶，既是中国传统文化精神的物质载体，也成为中国传统文化最有代表性的象征物，就像金字塔之于古埃及、雅典卫城神庙之于希腊一样。因此，从这个意义上说，故宫文化是经典文化。

经典具有权威性。故宫体现了中华文明的精华，它的地位和价值是不可替代的。经典具有不朽性。故宫属于历史遗产，它是中华五千年历史文化的沉淀，蕴含着中华民族生生不已的创造和精神，具有不竭的历史生命。经典具有传统性。传统的本质是主体活动的延承，故宫所代表的中国历史文化与当代中国是一脉相承的，中国传统文化与今天的文化建设是相连的。对于任何一个民族、一个国家来说，经典文化永远都是其生命的依托、精神的支撑和创新的源泉，都是其得以存续和赓延的筋络与血脉。

对于经典故宫的诠释与宣传，有着多种的形式。对故宫进行形象的数字化宣传，拍摄类似《故宫》纪录片等影像作品，这是大众传媒的努力；而以精美的图书展现故宫的内蕴，则是许多出版社的追求。

多年来，故宫出版社（原名紫禁城出版社）出版了不少好的图书。同时，国内外其他出版社也出版了许多故宫博物院编写的好书。这些图书经过十余年，甚至二十年的沉淀，在读者心目中树立了"故宫经典"的印象，成为品牌性图书。它们的影响并没有随着时间推移变得模糊起来，而是历久弥新，成为读者心中的经典图书。

于是，现在就有了故宫出版社的《故宫经典》丛书。《国宝》《紫禁城宫殿》《清代宫廷生活》《紫禁城宫殿建筑装饰——内檐装修图典》《清代宫廷包装艺术》等享誉已久的图书，又以新的面目展示给读者。而且，故宫博物院正在出版和将要出版一系列经典图书。随着这些图书的编辑出版，将更加有助于读者对故宫的了解和对中国传统文化的认识。

《故宫经典》丛书的策划，这无疑是个好的创意和思路。我希望这套丛书不断出下去，而且越出越好。经典故宫借《故宫经典》使其丰厚蕴含得到不断发掘，《故宫经典》则赖经典故宫而声名更为广远。

目　录

006 ／中国单体佛教造像　　冯贺军　赵芸格

015 ／图版目录

019 ／图版

中国单体佛教造像

冯贺军　赵芸格

佛教最初并不主张偶像崇拜，特别是初创时期。释迦牟尼涅槃后，人们多以佛足、法轮等象征物来追思悼念，但随着时间的推移，为了弘扬佛教、扩大佛教的影响力，佛教徒们吸收了印度其他宗教造像的方法，佛教造像因此出现。中国在接受佛教的同时，也接受了佛教造像，佛教造像作为信徒崇拜的偶像，在佛教传播过程中起了重要的作用。这些造像有的开凿在山崖石壁，有的雕塑于寺院，本书所收录的多为后者，因此论述的重点也在于此。

一　魏晋南北朝时期

两汉之际，佛教及其造像由异域传入中土，但规模尚小，佛像常与其他神仙像混同在一起，仍未摆脱神仙像的窠臼。北魏拓跋氏在统一北方过程中接受了佛教，拓跋珪"见诸沙门、道士，皆致精敬"。孝文帝将都城由平城迁至洛阳后，汉化改革日益深入，帝后佞佛日盛。《魏书·释老志》载僧人法果主张皇帝即当今如来，敬重皇帝，非拜天子，乃礼佛耳。这样便把佛教利益与最高统治者的利益联系在一起，它解决了僧尼是否礼拜王侯的矛盾，在经济上也获得了政府的支持，佛教组织与信众日增，佛教造像迎来了大发展时期。

早期金铜佛以禅定佛居多。河北省石家庄市北宋村出土的十六国时期铜鎏金禅定佛与甘肃省泾川县出土的十六国时期铜鎏金禅定佛，分背光、床趺、佛像三部分，分体铸造，插合而成。背光相对佛像较大，下部延伸至双狮一

半处。背光上有飞天，左右对称。背光上插伞盖。袈裟呈"U"字衣纹。狮子与座一体连铸，双狮为正面。背光上插伞盖，使我们明白了现存的十六国时期及稍晚些的禅定佛像，原本多为此种样式。此类佛像背后都存有用于插合背光或头光的榫口，只是由于年代久远等缘故，华盖、背光、像身与像座多分离，只剩下像身部分。华盖边缘有小孔，可能是垂系铜铎之用。

释迦牟尼佛说法像是北魏金铜佛中流行样式之一，它分立姿与坐姿两种。立姿以太平真君四年（443年）菀申造像为代表，这种佛像除手印不同外，与普通佛立像基本相同。坐姿以内蒙古呼和浩特市托克托县古城村所出土和台北故宫博物院所藏为典型。其特征是背光较宽，外饰火焰纹，头光周围饰小坐佛，坐佛多为单数。背光背面多有释迦多宝佛像，以粗线刻为主。释迦牟尼佛说法像最早出现在太武帝灭佛前的太平真君年间（440～451年），盛行于太和时期（477～499年）。太和时期是释迦牟尼佛说法像出现最多、制造最为精美的时期。太和以后，此像仍延续了相当长时间，但制造水平则每况愈下。释迦多宝佛像也是此期常见的题材，分成两种造型：一种为球状肉髻，身穿袒右肩式或圆领通肩式袈裟，二佛或作禅定印，或一作禅定印，一作礼让式。像座正面雕刻执莲蕾供养人像，男女各一，正中横梁部位雕饰供器。背光后面浮雕多为一佛、一佛二菩萨等。出土地点多在河北定州地区。另一种多穿圆领通肩袈裟，衣纹细密。桃形背光，略宽，上角多钝，饰火焰纹，上部正中为一坐佛。它以线雕为主，由于形体

较小，线雕较为模糊，制造水平粗糙。从现有发愿文推测，山东青州地区发现较多。东魏至北齐铜造像较为集中的发现有山西寿阳、武乡（党城村），山东博兴（龙华寺）、曲阜（胜果寺）等地。东魏早期造像仍是北魏晚期风格的延续。山东曲阜胜果寺所出北齐铜造像，已开始向矮壮丰满过渡。

泥塑佛像以北魏晚期永宁寺造像为代表。永宁寺是北魏熙平元年（516年）孝明帝之母胡太后在洛阳修建的一座皇家寺院。永熙三年（534年），寺塔被雷击起火，九层木塔焚于一旦，永宁寺随之毁废。永宁寺泥塑分佛教造像与世俗供养人像两种。佛教造像包括佛、菩萨、弟子等。佛像面相方圆，修眉细目，鼻直耳大，口小唇薄，内穿僧祇支，外穿双领下垂袈裟，束带，带子在胸前打结。衣摆多为两层，衣边呈连弧形。菩萨头戴花冠，面容庄重慈祥，上身袒露，下穿长裙，颈戴项圈，胸饰璎珞，身披帛带。弟子身穿袈裟，面露微笑。世俗人像多为供养人及其侍从、仪仗之属。人物有老有少，有汉人，也有胡人。永宁寺泥塑像头与身体单独捏塑制作，插合而成，而不是采用当时陶俑制作中流行的模制方法。塑像是依照现实人物刻画的，人物塑造个性化，特别是世俗人物的冠帽，难见相同者。衣饰虽略有夸张，但仍不失其度。

石造像以山东青州龙兴寺、诸城体育中心、临朐明道寺，河北曲阳修德寺、临潼北昊庄与四川成都万佛寺等外出土佛像成就最高。青州龙兴寺造像有纪年铭者始自北魏永安二年（529年），止于北宋天圣四年（1026年），前后近500年，跨越了北魏、东魏、北齐、隋、唐、北宋数朝，以东魏、北齐、隋三朝数量居多。青州造像石质主要为石灰石、汉白玉、花岗岩，其中石灰石占绝大多数，石材取于青州本地。造像分背屏式与单体两种。背屏式造像流行于北魏至东魏时期。这种背屏，刻绘结合，主尊后面绘有舟形身光，外侧绘火焰纹。头部项光的中心浮雕莲花瓣，外为数周同心圆。背屏上部为伎乐天托宝塔浮雕，也有以龙替代宝塔者。背屏式造像多为一佛二菩萨三尊式，皆呈立姿，佛内穿僧祇支，外穿袈裟，手施无畏与愿印。菩萨帔帛在肩部外侈，于腹前穿璧相交，也有的在双膝处相交，缠绕于双臂后自然下垂。大约在东魏前后，菩萨颈部、胸前增加了项饰与长璎珞。佛与菩萨的台座，分两种情况，一种为各自独立的莲台座，一种是从主尊莲座两旁各伸出一龙，龙口吐莲花、莲台、莲叶，承托起双菩萨。背屏式造像在北齐以后逐渐消失，单体造像开始占据主流。单体佛像项光除保留原有浮雕莲瓣和同心圆外，外雕饰七佛。袈裟紧贴身体，线刻较少。菩萨像沿袭前朝，帔帛、璎珞富于装饰性，特别是项饰下口中吐珠的兽面，刻画细致精美，少见于其他地区。青州佛像在北齐时期受外来因素影响明显，如北齐贴金彩绘卢舍那法界人中像，便绘有高鼻深目、头发卷曲的西域或中亚地区人物形象。佛衣贴体，是印度笈多风格的体现。在石像上彩绘贴金，为造像装饰方法之一，只是由于种种原因，过去发现的佛像，彩绘与贴金多已消失，有些造像局部虽有残存，但难窥全貌。许多青州龙兴寺造像上的彩绘贴金保存了下来，弥补了这方面的不足。彩绘所用颜料，以朱砂、宝石蓝、赭石、孔雀绿等天然矿物质为主。诸城体育中心与临朐明道寺佛像在题材、技法和雕刻风格上与青州龙兴寺佛像相似，它们是山东地区北朝造像的代表。

河北省曲阳县城西南修德寺旧址，1953～1954年出土一批石造像，内含纪年造像273躯，纪年像例始自北魏神龟三年（520年），止于唐天宝九年（750年），历时231年，像一般高度在20～50厘米之间。北魏造像以佛装弥勒和观音为主，释迦牟尼佛次之。佛像面形方圆，头部前倾，颈细长，肩胛稍窄，衣褶厚重，多三角隐起或重叠，裙底边较宽。舟形举身背光，饰莲花、火焰纹等。北魏时期佛装弥勒像，形象包括立像、结跏趺坐像、倚坐像3种，均是按照释迦牟尼佛形象雕刻的。东魏时期观音崇拜成为主流，释迦多宝佛并坐像趋多，颇具特色的思惟菩萨引人注目。从具发愿文的东魏像例分析，兴和以前基本沿袭北魏晚期传统，兴和至武定间发生了细微变化，造像由瘦长向矮胖过渡，头大肩小，面庞圆润，装饰手法日趋简略。北齐时期双像的释迦多宝佛、思惟、观音、菩萨成为时尚。服饰趋于疏简，使用阴线刻，双钩几乎被放弃，给人轻薄之感。面部鼻、眼、耳、口比较紧凑，脸颊饱满。双思惟像中龙树装饰极有特色。龙树与供养人及菩萨、弟子、飞天组成一个龛形，将思惟供奉于其间，构思巧妙，雕刻精美。另一种样式形体相对较大，一般与基座插合而成，服饰简洁轻薄，线条流畅，受印度笈多风格影响明显。

在曲阳修德寺佛像发掘出土后，河北省其他地区又陆续公布了一些新的发现，较重要的有临漳县北吴庄佛像、临漳县邺南城北朝佛像、黄骅市北朝佛像、藁城市北齐佛像、灵寿县幽居寺北齐佛像（高睿造）、成安县南街寺庙遗址佛像、南宫市后底阁遗址佛像等。北吴庄位于临漳县习文乡，在东魏、北齐古邺城东城墙东约3公里处。佛像原瘗埋在一窖藏坑中，共2895件（块），绝大多数为汉白玉，极少数为青石或陶质。佛像埋藏比较密集，其间未有明确分层或以土隔开。佛像中有相当部分保留了彩绘与贴金，题材包括释迦牟尼佛、释迦多宝佛、弥勒佛、卢舍那佛、药师佛、阿弥陀佛、观音、思惟等，时间从北魏延续至唐，以东魏、北齐作品居多。北吴庄佛像纪年造像中最早的为太和十九年（495年）刘伯阳造释迦牟尼佛像，其后还有正始二年（505年）三褌法荣造佛像、永平三年（510年）张□造观音像等。上述皆为青石，说明北吴庄造像最初是以传统的青石为主，白石的使用可能要到北魏晚期，这与曲阳修德寺造像的情况基本一致。北吴庄佛像中神王像例较多，时间也早。仅《河北邺城遗址赵彭城北朝佛寺与北吴庄佛教造像埋藏坑》一文中提及就有5件，分别是东魏武定二年（544年）张景章造观音像、武定四年（546年）道智造释迦牟尼佛像，北齐天保元年（550年）长孙氏造阿弥陀佛像、北齐一佛二弟子二菩萨背屏式造像（2012JYNH1:1104）、北齐一佛二弟子二螺髻背屏式造像（2012JYNH1:1100）等。河北地区普通的神王组合一般为4尊或8尊，张景章造观音像为左、右、背面各2尊的6尊形式，其余多为两侧面各3尊，前或后各2尊的8尊组合。神王形象除了上身袒露、帔帛飘扬者外，还有身穿护甲类的武士形象，这与响堂山石窟存在密切联系。武定四年道智造释迦牟尼佛像上的神王与北魏晚期神王形象更为接近，排列组合尚未形成规制，且采用线刻手法，可能是这一地区出现较早的神王。北吴庄佛像像背后的太子思惟像，从报告中可知的像例就有东魏天平四年（537 年）智徽造观音像、武定二年张景章造观音像、武定四年孙景巇造弥勒佛像，北齐天保元年长孙氏造阿弥陀佛像、天保十年（559 年）□枝本造观音像、北齐一佛二弟子二螺髻背屏式造像（2012JYNH1:1000）等。这些佛像背后的太子思惟像少数为阴刻与浅浮雕，多数是彩绘（有些彩绘已模糊，从菩提树等因素判定其应是太子思惟像）。太子思惟像恰是河北地区流行题材。北吴庄佛像中有一种螺髻像，被称为"缘觉""辟支佛""梵王"。北齐时期的一铺七尊背屏式造像中居于弟子、菩萨之间的多为螺髻像，如一佛二弟子二螺髻二菩萨背屏式造像（2012JYNH1:2516）、一佛二弟子二螺髻背屏式造像（2012JYNH1:1000，外侧的菩萨残缺）、一佛二弟子二螺髻二菩萨背屏式造像（2012JYNH1:1835）等。临漳县邺南城西门外出土的北齐释迦牟尼佛说法像与弥勒菩萨像皆为七尊，胁侍居中者头为螺髻，形象特征非常明显，说明螺髻是北齐辖区流行的一种题材，其中心在邺都。龙的造型也值得关注。过去曲阳等地龙多与菩提树相连，且龙头皆朝上，龙身缠绕菩提树，龙的一足踩踏在台座上。北吴庄佛像中除了上述造型外，还有龙身盘卷在基座与像身下部之间者，以一铺七尊或五尊者居多，龙口吐莲，与像足相连。此外还有龙头

朝下之造型，如天保元年长孙氏造阿弥陀佛像等，这种形象也见于临漳县邺南城西门外出土的北齐释迦牟尼佛说法像与弥勒菩萨像，其龙头在下，龙口吐出莲茎，承托胁侍足下的莲座。类似者还见于邢台南宫市后底阁遗址所出东魏至北齐□毗罗寺比丘慧能等造背屏式一铺五尊像弟子与菩萨足下的翔龙。它们与山东青州等地佛像上的翔龙既有联系，又有区别。临漳北吴庄等地佛像的出土与发现，改变了河北白石佛像以曲阳为中心的传统认识，无论从题材还是雕刻技法上看，这一地区的中心都应该在邺城地区。

代表南朝佛教造像成就的是成都万佛寺等处的石造像。万佛寺在成都市西门外，相传建于东汉延熹年间（158 ～ 167 年），梁时称安浦寺，唐称净众寺，明称万佛寺。万佛寺造像共出土 200 余躯，石材取自当地细砂岩，时间跨越宋、齐、梁、北周、唐数个朝代。其中宋元嘉二年（425 年）净土变造像最早，这也是南朝目前所知最早的纪年造像。宋、齐、梁造像面形方正，多穿通肩大衣，衣纹细密，层次清晰，袒右肩者绝少，供养人像褒衣博带，潇洒秀丽。梁普通四年（523 年）康胜造释迦牟尼佛像和梁中大同三年（548 年）观音像均为一佛、四弟子、四菩萨、二天王，加之护法的双狮、底座部分的供养人、伎乐等，画面繁密。但主尊与胁侍大小、位置经营得当，主次、前后分明，整体效果和谐。北周至唐造像面庞圆润、丰腴挺秀替代褒衣博带成为新的潮流。成都西安路窖藏出土石造像 9 件，8 件为佛教造像，1 件为道教造像，其中有发愿文者 5 件。题材有弥勒佛、释迦多宝佛、阿育王、无量寿佛等，以一

佛二菩萨、一佛二菩萨二弟子、一佛四菩萨四弟子二力士组合最为常见。像背内容也较为丰富，既有菩萨装的交脚弥勒，也有《维摩诘经变》《礼佛图》等。西安路所出造像除红砂石本身颜色外，还使用了白、紫诸色，并用纯度极高的金箔贴饰，给人富丽堂皇之感。成都商业街窖藏石造像共9件，其中纪年造像2件，题材及造像手法与万佛寺、西安路基本保持一致。成都下同仁路出土佛像纪年者最早为梁天监十五年（516年），无纪年者最晚到了唐朝，其中天王造像尤其引人注目。

二 隋唐时期

陕西临潼邢家村窖藏铜造像，较完整者297件，除少数北朝至隋的作品外，初唐后期至盛唐前期的作品占绝大多数。两尊具铭款者一为武德三年（620年），一为天宝九载（750年）。造像以观音最多，其次为阿弥陀佛、释迦牟尼佛、弥勒佛、罗汉、七佛等。造像背光分透雕与不透雕两种。透雕中背光较大者分上下两部分，中间束腰，形如葫芦，以释迦牟尼像居多；较小者多呈桃形，顶部多为一化佛，以观音像居多。不透雕背光大者为舟形，下部延伸及座；小者为桃形或圆形，下部仅及肩部或腰部。底座或为仰覆莲圆座，或为单体覆莲圆座，或为莲座下接插座，插座四、六、八角不等，底边宽于上边，每面多呈梯形，内装饰成壶门形。邢家村唐代造像通体鎏金，特别是观音菩萨，婀娜多姿，轻盈自然。

石造像以陕西省西安市光宅寺、安国寺及河南省荥阳市大海寺最具代表性。

西安市光宅寺位于光宅坊，仪凤二年（677年）因在地下发现佛舍利而建光宅寺。寺内有七宝台，七宝台内目前发现造像32尊，有12件刻发愿文，造像大多雕刻于长安三年（703年）或长安四年（704年），开元年间又有增刻与修饰。题材有十一面观音像、弥勒三尊像、阿弥陀三尊像等。7尊十一面观音属于密宗范畴（最初可能为8尊），安置在七宝台八面。一铺三尊式造像是光宅寺造像的另一特征，主尊或为弥勒佛，或为阿弥陀佛。宝庆寺砖塔二层东南面主尊像，螺髻，穿袒右肩袈裟，结跏趺坐，左手施禅定印，右手作触地印，佛之右臂装饰臂钏，表现的是释迦牟尼佛降魔成道内容，也就是菩提瑞像。此批造像雕刻精美，是武则天时期佛教造像的重要作品，也是研究长安样式的重要像例。

西安市安国寺位于原长安长乐坊，为唐睿宗在藩时旧邸，后舍宅为寺，因其本封安国相王，故以为寺名。1959年在安国寺旧址发现石造像11尊，计有宝生佛、降三世明王、马头明王、不动明王、虚空藏菩萨、金刚手等。宝生佛、降三世明王、马头明王、虚空藏菩萨、金刚手等为白石造像，3尊不动明王则为灰色岩石。此批造像未见发愿文，从造像风格判断，可能为武则天时期的作品，题材与创作背景均值得深入研究。

大海寺位于河南省荥阳市人民广场。1976年在大海寺遗址出土41件佛教造像，其中11件刻有发愿文或佛像名称，题材有观音、（莲）花严、光相、辩积、狮子吼、金长舍、天王等菩萨像。此批造像多为晚唐作品，菩萨像一般等身高度，形象端庄，圆润饱满，比例匀称。除十一面观音外，（莲）花严、光相、辩积、狮子吼、天王菩萨等见于《大通方广忏悔灭罪庄严成佛经》《说无垢称经》等密宗经典中，可知这些菩萨属于密宗造像。

南禅寺与佛光寺泥塑佛像是唐代寺院塑像的代表。南禅寺位于山西省五台县城西南22千米处的李家庄。大殿木梁上有墨书建中三年（782年）题记。殿内佛坛内塑有佛、菩萨、弟子、金刚等共计一铺17尊。佛光寺位于山西省五台县五台山南台外，寺院依山而建，坐东朝西。寺院创建于北魏孝文帝时期，唐会昌法难时被毁，大中十一年（857年）在旧址上重建。寺内东大殿梁上有"佛殿主上都送供女弟子宁公遇"等题记，证明此殿为唐朝建筑。殿内置一"凹"形佛坛，坛上有佛像30余尊。正中主像为释迦牟尼佛，右肩袒露，双手一置膝上，一捧钵于胸前。左右有阿难、迦叶及胁侍菩萨相伴。左侧弥勒佛，右侧阿弥陀佛，皆有胁侍菩萨与供养菩萨。三佛左右为骑象的普贤与骑狮的文殊，普贤与文殊各有胁侍菩萨、护法金刚、象奴与狮奴、供养人等护持。佛坛南侧一女像，结跏趺坐，神情端庄，衣饰华美，应是供养人宁公遇。佛光寺塑像因建筑上墨书题记及佛顶尊胜陀罗尼经幢经义尾部所镌"女弟子佛殿主宁公遇，大中十一年十月建造"题记，可以确定其为晚唐雕塑。南禅寺与佛光寺由于地处偏远，大殿未被毁坏，殿内塑像得以完整保存下来，虽然塑像曾经历代妆銮，有些方面与当初风貌呈现出差别，但总体上保持了唐朝风格，成为我们研究唐朝寺院塑像的重要例证。

三 五代辽宋时期

与北宋几乎相始终的辽代，立国早于北宋，塑像传统除承袭传统造像样式外，颇多自己的特色。天津市蓟州区独乐寺观音阁内的统和二年（984年）十一面观音像，高16米，为我国最大的泥塑造像之一，两侧胁侍菩萨和山门内天王塑像，也为辽代彩塑珍品。辽宁省义县奉国寺大雄宝殿内塑有开泰九年（1020年）迦叶、拘留孙、尸弃、毗舍浮、拘那含牟尼、毗婆尸、释迦牟尼七佛，每尊佛像左右各有一胁侍菩萨，东西两端各有一天王像。山西省大同市下华严寺薄迦教藏殿，位于大同市内西南隅。大同在辽时为西京，地位十分重要。薄迦教藏殿殿内右侧橡底部有"维重熙七年岁次戊寅九月甲午朔十五日戊申时建"题记，可知其为辽重熙七年（1038年）所建。据《辽史》《山西通志》等书记载，华严寺内曾奉安过辽代诸帝的石、铜像，可见华严寺具有辽代皇家祖庙性质。薄迦教藏殿内"凹"形佛坛上塑三世佛、弟子、胁侍菩萨、供养菩萨、天王等造像29尊，以菩萨像最多，艺术水平最高。这些菩萨头戴宝冠，胸饰璎珞，面庞丰满圆润，两颊突出，修眉细目，双眼微闭，给人以朦胧之感。飘动的帛带，流畅的线条，显示出辽代工匠的熟练技法，其中2件菩萨坐生灵座上，具有密教特征。

浙江省杭州市雷峰塔、金华市万佛塔及江苏省苏州市云岩寺塔所出五代吴越国至宋代时期的铜佛像，是此时期南方金铜佛像的代表。浙江省温州市白象塔出土了一批铜、木、瓷、陶、泥质地的佛像，其中 42 尊彩绘泥塑最为精彩。有北宋至道二年（996 年）墨书题记，包括太白星、北辰星、木星等在内的炽盛光佛道场塑像一组，在泥塑佛像中十分罕见。山东省济南市长清区灵岩寺位于泰山西北麓的方山之阳。佛图澄的弟子竺僧朗，常到灵岩讲经说法，并创建灵岩寺。其后，这里名僧辈出，香火旺盛，唐宋时期达到鼎盛。现存 40 尊罗汉像，其中 32 尊是北宋塑造的。它们最初置放在唐朝修建的般舟殿内，般舟殿被毁后移入千佛殿内，原始组合方式已不得而知。1981 年在罗汉体腔内发现一些文物、题记，其中一尊体腔内壁墨书"齐州临邑，治平三六月"等字，还在一尊罗汉像内，剥出一尊铁罗汉，铁罗汉座后铸阳文"大宋兴得军长清县和平乡天花南管寺侯丘三村□首创铁铸□罗汉……时熙宁三年岁次庚戌□冬月□日"。从这些题记得知，这批罗汉多数塑造于北宋治平三年（1066 年）至熙宁三年（1070 年）之间。江苏省苏州市用直保圣寺宋代的泥塑罗汉像原来可能为 16 尊或 18 尊一组，分两壁塑于大殿之内，后因殿宇损毁，仅保存下来 9 尊，但依然可见宋塑神韵。

南华寺位于广东省韶关市曲江区正南 10 多千米处。寺建于南朝梁武帝天监年间（502 ～ 519 年），由印度到中国传教的智药三藏修建，初名"宝林"。唐时禅宗六祖慧能曾在此传经授法，南华寺因此成为南中国最负盛名的佛教寺

院。木雕罗汉最初为 500 尊，现存 360 尊，这些罗汉雕造于北宋庆历五年至八年（1045 ～ 1048 年），是由客居广州的连州、泉州、衢州、潮州人捐资修造，在广州雕成后运至曲江的。从发愿文看，其捐造目的多是为家庭祈福，"保安吉"，"乞延寿平安"，追荐亡人早生净土。所用木材多数为柏木，少数为楠木、樟木、檀香木。柏木质硬，纹理细密，在当地较为珍贵。木雕罗汉皆用整块木坯雕成，全部为坐姿。每尊像由像和底座两部分组成，座有束腰须弥座、长方形透雕镂空花石形空心座、半圆形透雕空心座等多种。多数正面凸出一块方形，用以刻写发愿文。像身多以现实人物为参照对象，形态各异。南华寺曾是六祖慧能授法的地方，禅宗从始祖达摩直至六祖慧能，才完成了佛学意义上的中国化，木雕罗汉像是形象上对这一理论的诠释。故宫博物院所藏南华寺木雕罗汉像共 50 尊，收录在本书中的是 12 尊有明确纪年者，读者可从中窥见其艺术风格与时代特色。

四 元明清时期

元明清时期各种质地的佛像数量繁多，面貌多样。寺院中的泥塑佛像经过多次妆銮，多已失原态。藏传佛像在此一时期特点鲜明，艺术成就最高，本集中选取的金铜佛较多，故以此为论述的重点。

元朝铜佛像制作的代表性人物为阿尼哥与刘元。阿尼哥（约 1244 ～ 1306 年），尼泊尔王室成员，原名八鲁布，幼年聪慧，稍长即"善画塑及铸金为像"。中统元年（1260 年），

八思巴奉元世祖忽必烈之命，在西藏修建佛塔，八思巴请尼泊尔工匠协助，年仅17岁的阿尼哥率80余人前来西藏，历时两年完成任务。阿尼哥深得八思巴赏识，收其为弟子，并携其入京，晋见忽必烈。忽必烈令其修复明堂针灸铜像，阿尼哥妙手天工，"关鬲脉络皆备，金工叹其天巧，莫不愧服"。至元十五年（1278年）授光禄大夫、大司徒等。朝廷重要寺院、佛像的设计与塑造皆出其手。阿尼哥对中国古代雕塑的贡献主要表现在藏传佛教造像推广上。在阿尼哥来华之前，藏传佛教造像基本流行在青藏高原地区，内地所受影响较小。元朝统治者由于政治上需要藏族贵族的支持，故大力提倡藏传佛教。阿尼哥依靠八思巴、忽必烈的赏识，借助本身高超、娴熟的造像技巧，将藏传佛教造像推广至内地，并培养了刘元等著名的造像艺术家。刘元，也称刘銮，字秉元，天津宝坻人。初为道士，学习塑土、范金、抟换等造像方法，后跟随阿尼哥，学习藏传佛教造像方法。其神思妙合，遂为绝艺。元大都佛像在阿尼哥之后，无论泥塑、铜铸、夹纻，凡出其手者，天下莫能比之。因技巧高超，刘元受到元朝政府的重视，官至昭文馆大学士、正奉大夫、秘书卿，非受旨诏，不得为他人造像。本书收录的大德九年（1305年）铜鎏金高全信等造文殊像与至元二年（1336年）铜智威睐等造释迦牟尼佛像，是为数不多的具纪年款元朝藏传佛教造像，为研究这一时期佛教造像提供了坐标。

明代永乐、宣德款铜佛像，面相丰满端正，五官匀称，面略向下倾，眉眼细长，静穆柔美，略带笑意。佛细腰宽肩，肩与腰呈倒三角形，腰身多直立，双腿结跏趺坐，作说法或禅定状。菩萨持剑、杵等法器，双臂者居多。腰身呈"S"形，上半身偏长，小腹部紧收，脐窝深陷，肌肤富有弹性。各种铜造像衣饰华丽精美，菩萨宝冠、璎珞、项饰、耳珰等装饰繁缛。底座多为双层仰覆莲座，仰莲瓣略短，覆莲瓣稍细长，仰覆莲瓣之间夹成锐角，莲座底部略大于上部，平稳均衡。莲座上层和下层各有一周镶嵌整齐的连珠纹饰。"大明永乐年施""大明宣德年施"款多錾刻于基座上部中间部位。永乐、宣德款铜造像是汉藏两种造像风格的高度融合，它吸收了汉式造像和藏式造像的各自特点，巧妙融合而成。以汉式造像而言，永乐、宣德款铜造像在题材上基本以佛、菩萨、度母等形象为主，多慈悲之相，那种"有碍风俗"、面相恐怖的喜乐金刚、大威德金刚等相对少见。衣饰上虽袒露上身，但通过璎珞、项饰、帔帛等巧妙穿插组合，并没有袒露过多之感。相反，由于裙褶处理得体，反给人轻薄飘逸之感。以藏式造像而言，永乐、宣德款铜造像在形体上仍呈"梵式"，身躯扭动、乳部突出、衣饰较少等特点仍十分鲜明，大黑天、吉祥天母等除铸造工艺更为精巧外，几乎与藏地铸造的佛像没有什么区别。永乐、宣德款铜造像另一特征是具有精致细美的皇家气派。由于造像本身所特有的内涵——皇帝钦赐西藏高僧神圣之物，便决定了它必须用上乘的铜材、最优秀的工匠、最先进的铸造工艺来完成。造像本身的皇家印痕，突出表现在冶炼技术、镀金工艺和繁缛细致的装饰手法上。故宫博物院是永乐、宣德铜造像收藏最多的机构，本书选录11尊不同题材的造像，以此全面展示永乐、宣德铜造像所达到的艺术成就。

清朝紫禁城宫殿内佛堂甚多，梵华楼、佛日楼、雨花阁等是其中规模较大的佛堂，融于其他宫殿内的小型佛堂也占有相当数量。这些佛堂除少数为明代遗存外，多数建于乾隆时期。清宫藏传佛教造像，主要分布在这些大大小小的佛堂中。清宫藏传佛教造像，目前所知始于康熙年间，康熙二十五年（1686年），玄烨为其祖母孝庄太皇太后铸造铜鎏金四臂观音一尊，供奉于慈宁宫大佛堂。康熙崇信藏传佛教可能有两方面原因：一是孝庄太皇太后笃信佛教，此四臂观音铭记为："大清昭圣慈寿恭简安懿章庆敦惠温庄康和仁宣弘靖太皇太后虔奉三宝，福庇万灵，自于康熙二十五年岁次丙寅，恭奉圣谕，不日告成，永念圣祖母仁慈垂佑众生，更赖菩萨感应，圣寿无疆云尔。"明确说明孝庄虔奉三宝。康熙对祖母恭敬有加，自然尊重她的信仰。二是出于政治上的需要。康熙亲征噶尔丹，带去了一定数量的佛像，赏赐蒙古王公贵族，后因数量不够，便命皇太子胤礽送养心殿造办处所造之佛像，可知清宫内已经存在制造佛像的匠作。康熙三十六年（1697年）设立的中正殿念经处，专门管理宫中造办佛像等事宜。造作佛像除了宫中供养外，主要还是为了颁赐蒙藏王公大臣。这显然沿袭明朝政府的做法，借此加强与蒙藏地方政权的联系，巩固边境的安宁。康熙朝清宫藏传佛教造像，受永乐、宣德造像影响较深。以四臂观音为例，此观音面椭圆，上穿帔帛，下穿裙裳，结跏趺坐于仰覆莲座上。莲座上下各装饰一圈连珠纹，从连珠纹饰、仰覆莲座造型、装饰手法分析，与永乐、宣德风格一脉相承。当然，它不可能完全重复旧有的样式，

较为明显的新因素如宝冠、璎珞镶嵌各种珠宝，额平，颊颐丰满，帔帛双带自座前下垂，整体形象更加圆润饱满等，这些新因素对乾隆朝清宫藏传佛教造像的发展，产生了一定的影响。乾隆朝是清朝盛世，顺治、康熙、雍正三朝的励精图治，为乾隆大展文治武功提供了坚实基础。乾隆本人笃信佛教，不仅对佛教经典有一定的了解，对造像本身也能提出自己的看法。中国第一历史档案馆的档案中记载了乾隆对造像粉本提出的各种意见及修改方法。清宫佛堂及佛像的制造，与乾隆热衷提倡密不可分。清宫藏传佛教造像相当一部分保存于佛堂中，一些佛堂保持了原有状态，如雨花阁是依照藏密事部、行部、瑜伽部、无上瑜伽部四部设计建造的。阁内四层分供四部主尊。一层事部龛内有佛10尊，居中为无量寿佛。二层行部以宏光显耀菩提佛为中心，佛母、金刚居左右。三层瑜伽部为金刚界毗卢佛、成就佛、最上功德佛、普慧毗卢佛、度生佛。无上瑜伽部中为密集金刚，左右为胜乐金刚、大威德金刚。每尊均写有佛名，为我们研究藏传佛教造像提供了标尺与依据。

故宫博物院从建院开始，就有意识加强佛像文物的收藏，特别是1949年以后，通过接受社会捐赠、考古发掘、与国内各博物馆相互调剂、没收非法古董商文物等多种途径，丰富了自己的藏品，加之明清宫廷原有的收藏，故宫佛像文物庋藏臻于全面。在此基础上，我们选择部分有纪年的藏品（以汉传佛教造像为主，藏传佛教造像只选择少数有代表性的作品），以时间先后为序，汇聚成册，公开出版，期冀为读者提供一份可资参考的资料。

图版目录

1　石□熊造无量寿佛像......020

2　铜鎏金李□造释迦多宝佛像......022

3　铜吴洛宗造莲花手观音像......024

4　铜鎏金丘比造释迦多宝佛像......025

5　铜鎏金丘比造释迦多宝佛像......026

6　铜鎏金公孙元息造释迦多宝佛像......028

7　铜鎏金□春造释迦牟尼佛像......029

8　铜鎏金郭武牺造莲花手观音像......030

9　铜刘德□造释迦多宝佛像......032

10　铜鎏金保进造莲花手观音像......033

11　石王女仁造释迦牟尼佛像......034

12　石邸苟生造观音像......036

13　石张买德造观音佛像......038

14　铜释迦多宝佛像......040

15　石杨天仁等造弥勒佛像......042

16　石王起同造观音像......044

17　石樊保儁等造释迦牟尼佛像......046

18　石张法姜造观音像......048

19　铜鎏金张小兴造观音像......049

20　石昙晏等造佛像......050

21　石朝阳村卅人等造释迦牟尼佛像......052

22　铜僧成造弥勒佛像......054

23　铜鎏金裴双□造观音像......055

24　石惠照造思惟像......056

25　石董定姜造观音像......058

26　石法广造观音像......060

27　石道起造思惟像......061

28　石邸广寿造思惟像......062

29　石静门造观音像......064

30　石赵道成造释迦多宝佛像......066

31　石王丰姬造弥勒佛像......068

32　石乐零秀造观音像......070

33　铜鎏金张相女造观音像......072

34　铜孙青周造观音佛像......074

35　铜鎏金□句业造佛像......076

36　铜鎏金张荣廷造菩萨像......076

37　石邸月光造观音像......078

38　石王善思造观音像......080

39　石杨回洛造观音像......082

40　石刘定吴等造菩萨像......083

41　石王思和造观音像......084

42　石邸昭造观音像......086

43　石苏丰洛造菩萨像......087

44　石邸金龙造思惟像......088

45　石郭元宾造菩萨像......090

46　石惠朗造释迦多宝佛像......092

47　石赵当男造菩萨像......093

48　石王起宗等造释迦多宝佛像......094

49　石张同柱等造释迦多宝佛像......095

50　石邸显造思惟像......096

51　石赵宗贵造菩萨像......098

52　石张丰生等造菩萨像......100

53　铜杜归洛造观音像......101

54　石高□□造释迦牟尼佛像......102

55　石马仵兴造观音像......103

56　石韩妙动造观音像......104

57　石邸进造菩萨像......106

58　石侯市迁造菩萨像......107

59　石张双卧造弥勒菩萨像......108

60　石乐妙香造思惟像......109

61　石苏老虎等造观音像......110

62　石邸赦兴造菩萨像......112

63　铜鎏金孟回周造释迦多宝佛像......113

64　石僧理造思惟像......114

65　石李神景等造无量寿佛像......116

66　铜鎏金任□造菩萨像......118

67　铜李宿女造菩萨像......118

68　石韩子思造思惟像......120

69	石张延造思惟像	122
70	石王和等造释迦多宝佛像	124
71	石韩郎宾造菩萨像	126
72	石赵邑人等造弥勒菩萨像	128
73	石来□□造观音像	130
74	石陈思业等造释迦多宝佛像	132
75	石刘仰造双观音像	134
76	石吴子汉造双菩萨像	135
77	石昙藉造双思惟像	136
78	石僧想造弥勒佛像	138
79	石法练造双思惟像	140
80	石高绍伯造观音像	142
81	石吴莲花等造佛像	144
82	石静藏造释迦牟尼佛像	148
83	石高市庆造双思惟像	150
84	铜鎏金马崇晕造观音像	152
85	铜鎏金□建等造观音像	152
86	石邸哈妃造双思惟像	154
87	石李兴祖造观音像	156
88	铜李法□造佛像	158
89	石刘遵伯造西方三圣像	160
90	石张僧绍造观音像	162
91	石张藉生造双菩萨像	164
92	铜鎏金张欢造释迦多宝佛像	166
93	石张茂仁造双观音像	168
94	石赵田姜造佛像	170
95	石惠善造观音像	172
96	石李斑姜等造双菩萨像	173
97	铜鎏金王永贵造菩萨像	174
98	石高修陁造菩萨像	175
99	石王合父造释迦牟尼佛像	176
100	铜郭清丑造弥勒菩萨像	178
101	铜鎏金马元胡等造佛像	180
102	铜殷世德造菩萨像	181
103	石张波造弥勒佛像	182
104	石邸仕询造菩萨像	184
105	铜鎏金释迦多宝佛像	186
106	铜吕子箱等造菩萨像	188
107	铜鎏金孙长文造佛像	189
108	铜鎏金邵□照造弥勒佛像	190
109	铜鎏金赵显□造观音像	192
110	石张茂仁造阿弥陀佛像	194
111	石兰伏回造双观音像	195
112	铜丁永达造观音像	196
113	石张晕妃等造双观音像	198
114	石邸善护造观音像	199
115	石张士良造双菩萨像	200
116	石张苌仁造双菩萨像	201
117	石曹买造双思惟像	202
118	铜张通达造菩萨像	204
119	石杜善才造双思惟像	206
120	石王静□造菩萨像	208
121	石□如等造双菩萨像	209
122	铜鎏金王莫□造佛像	210
123	铜鎏金弥姐训造杨枝观音像	211
124	陶法律造多宝塔善业佛像	212
125	陶法津造多宝塔善业佛像	214
126	陶法津造多宝塔善业佛像	215
127	石张惠观等造释迦多宝佛像	218
128	石刘三娘等造双阿弥陀佛像	220
129	石党宝宁等造阿弥陀佛像	222
130	石邸延果等造佛像	224
131	木雕彩绘郭有英造罗汉像	226
132	木雕彩绘郭有英造罗汉像	227
133	木雕彩绘曾二娘等造罗汉像	228
134	木雕彩绘杨琪等造罗汉像	229
135	木雕彩绘莫惟宗造罗汉像	230
136	木雕彩绘陈振等造罗汉像	231

137　木雕彩绘郝璋造罗汉像 232
138　木雕彩绘吴世质造罗汉像 233
139　木雕彩绘吴世质造罗汉像 234
140　木雕彩绘吴世质造罗汉像 235
141　木雕彩绘罗汉像 236
142　木雕彩绘罗汉像 237
143　石张凑等造圣僧像 238
144　铜文妙大师等造百佛牌 240
145　铜鎏金高全信等造文殊像 244
146　铜智威眛等造释迦牟尼佛像 246
147　铜鎏金周府造佛像 247
148　铜鎏金周府造佛像 248
149　铜鎏金释迦牟尼佛像 249
150　铜鎏金宝生佛像 250
151　铜鎏金弥勒菩萨像 252
152　铜鎏金文殊像 254
153　铜鎏金文殊像 255
154　铜鎏金观音像 256
155　铜鎏金观音像 258
156　铜鎏金绿度母像 259
157　铜鎏金金刚持像 260
158　铜鎏金金刚萨埵像 261
159　铜鎏金尊胜佛母像 262
160　铁錽金大黑天像 264
161　琉璃佛像 265
162　铜鎏金观音像 266
163　铜鎏金李福善等造佛像 268
164　铜鎏金观音像 269
165　铜高义造地藏像 270
166　铜臧福胜等造无量寿佛像 272
167　琉璃圆通造文殊像 274
168　琉璃李清净等造普贤像 275
169　琉璃胡□明等造观音像 276

170　琉璃杨□等造罗汉像 277
171　铁姚举造罗汉像 278
172　铜姬名等造佛像 280
173　铜赵亮等造佛像 281
174　铁和氏等造宝月光佛像 282
175　铜贾郝等造佛像 283
176　铜可聪造观音像 284
177　铁宋文峰等造佛像 285
178　铜鎏金陈佐造文殊像 286
179　铜鎏金佛像 288
180　铜观音像 289
181　铜郝氏造观音像 290
182　铜鱼篮观音像 291
183　铜和□等造佛像 292
184　铁李□乾等造佛像 293
185　铜王就都等造佛像 294
186　铁普贤像 296
187　铜观音像 297
188　琉璃佛像 298
189　铜张才等造佛像 300
190　铜观音像 301
191　铜许早造观音像 302
192　铁文殊像 304
193　铁普贤像 305
194　米色釉蒋元裕造布袋和尚像 306
195　铜鎏金四臂观音像 308
196　五彩刘桂生造观音像 310
197　银镀金六世班禅像 312
198　铜紫金琍玛宗喀巴像 314
199　银镀金三世章嘉像 318
200　铜紫金琍玛无量寿佛像 320
201　铜鎏金观音像 321
202　金釉无量寿佛像 322

蓋道泉沖廓至理幽冥
懸法胄睢眪然巨
諟但群生稟審車等
雨渢僵忽将移不殊易
迹水且六塵之樂如
過三塗之音難如
同法義優婆姨等
性神樸並合雍畯曉
法諟空體如柏堂知福
財是賤身之毒明福
烏依歸之業捨割資
珎敬造婆羅像一軀
能鑲一真容不異右脇
物誕叶鎸和光未殊
火見新見上為皇帝一切
畸僧父母居眷一
咸同斯業其頌曰
法宗冲默龍相巨
王迷胄者

图　版

石□熊造无量寿佛像

南朝宋元嘉二十五年（448年）
高65厘米　宽44厘米

无量寿佛的头、身体上部与双手为后配。

无量寿佛身穿"U"字形通肩袈裟，双手施禅定印，结跏趺坐。其右侧为一胁侍菩萨，菩萨帔帛在头部飘动，缠绕双臂后下垂。下为长方形基座，基座上缘饰覆莲，正面浮雕双狮与博山炉，一侧面浮雕8个供养人，合十而立，一侧面与背面刻正书发愿文，内有"元嘉二十五年七月廿三日，晋丰县□熊造无量寿"等字。

据《宋书》卷三十八记载，晋丰县属于益州始康郡，为东晋安帝时设立。

此像原发现于四川省成都市，由王懿荣收藏。后归端方，收录于《匋斋藏石记》中。端方去世后，再由王懿荣之子王汉辅购回，后又被周季木等收藏。

南朝宋时铭刻文字发现较少，故此像颇受金石学家的重视，国家图书馆等单位收藏有此像拓片。

从佛教艺术史角度考察，其衣饰与造型都有外来因素的影响，是中国南方早期佛教造像的重要像例之一。（冯贺军）

2

铜鎏金李□造释迦多宝佛像

北魏太和十年（486年）

高15厘米　宽7.2厘米

———

　　释迦多宝佛背屏内雕刻两个独立的舟形火焰纹背光。双佛高肉髻，着通肩袈裟，双手施禅定印，结跏趺坐。背面的释迦牟尼佛说法像，饰火焰纹背光，内为圆形头光，高肉髻，身穿袒右肩袈裟。袈裟衣纹细密规整，有毛绒质感，带有鲜卑民族的文化特征。右手作说法印，左手握衣角，两侧各一供养人。下为四足方座。座正面刻二供养人。座上刻发愿文："太和十年，□□□人李□自为己身□多宝像一区，□家大小，见世供□，所求如愿。"

　　据《妙法莲华经·见宝塔品》等佛经记载，释迦牟尼佛在七叶窟说《法华经》时，地下涌出七宝塔，悬于空中，多宝佛于宝塔中踞狮子座，对释迦牟尼佛赞叹有加，并分半座给释迦牟尼佛。二佛并坐，共同说法，一时间，天上万种香花纷纷飘下，坠于众生之上。就一般情况判断，凡二佛并坐者如果没有特殊说明，多为释迦多宝佛题材。二佛以多宝佛为主，所以发愿文中常常将多宝佛排在释迦牟尼佛的前面，有的甚至只称多宝佛而不称释迦牟尼佛。从现存作品看，这类图像可能为中国首创。（冯贺军）

3
铜吴洛宗造莲花手观音像
北魏太和十一年（487年）
高15.5厘米　宽6.8厘米

舟形背光。观音高髻，身穿帔帛，右手持长茎莲花，跣足直立在圆台上，下为外侈四足座。座上刻发愿文："太和十一年七月二日，蒲阴县人吴洛宗为亡父造观世音像一躯，愿居门大小，现世安隐，常与佛会。"

莲花手观音是魏晋南北朝时期最为常见的一种观音造型，尚不清楚出自哪种经典，学术界目前的定名是依据图像。其主要特征是观音右手中持有长茎莲，莲蕾含苞欲放。一般为舟形背光，身穿帔帛，帔帛缠绕其袒露之上身，左手握帔帛一角，下穿裙，跣足直立。下为四足方座。有研究者认为未开放的莲花代表一切有情自性清净的心莲，而观音以慈悲心力，打开此莲花，引导众生。

蒲阴县，东汉时设置，在今河北省顺平县。"安隐"有时也写成"安稳"，二者为同义，在发愿文中经常可见。司马光《资治通鉴》卷二百十七："神威至范阳宣旨，禄山踞床微起，亦不拜，曰：'圣人安隐。'"其注云："'隐'读曰'稳'，唐帖多有写'稳'为'隐'字者。"《大唐新语》卷二也有类似的记载，只不过使用了"安稳"一词，足见二者通用。但从注释来看，"隐"为原意，而"稳"则是后来演化而来。《资治通鉴》此条原本来自《大唐新语》，却将原文中的"稳"改成"隐"，以表明"隐"为本意，而"稳"则为当时的俗称。"安隐"一词，至迟在魏晋南北朝时期，与派生衍化出来的"安稳"一词，并行不悖。在一般平民百姓中，"安稳"一词更为流行。至唐宋时期，"安稳"渐有取代"安隐"之势，"安隐"只在士大夫中间使用，而一般百姓则多用"安稳"一词。（冯贺军）

铜鎏金丘比造释迦多宝佛像

北魏太和十二年（488年）
高14.5厘米　宽7.2厘米

　　正面释迦多宝佛结跏趺坐，背屏上部刻有华盖，华盖下方雕刻两个独立的舟形火焰纹背光，二佛手施禅定印。背面线刻释迦牟尼佛说法像，结跏趺坐。座上阴刻发愿文："太和十二年十月廿六日，丘比为父母保成造多保一躯。"（冯贺军）

5

铜鎏金丘比造释迦多宝佛像

北魏太和十三年（489年）
高14.4厘米　宽6.9厘米

———

　　释迦多宝佛背屏内雕刻两个独立的舟形
火焰纹背光。双佛高肉髻，身穿袈裟，双手
施禅定印，结跏趺坐。背面释迦牟尼佛说法
像，火焰纹背光，内为圆形头光，高肉髻，袒
右肩袈裟。袈裟衣纹细密规整，有北魏鲜卑
民族的文化特征。右手作说法印，左手握衣
角，两侧各线刻一供养人。下为四足方座，
座的正前面刻双绳纹与三角纹。座上刻发愿
文："太和十三年八月十日，唐郡人丘比上为
父母造多宝像一躯。"

　　北魏时，原行唐县改为唐郡，县治在今
河北省曲阳县石城村附近。（冯贺军）

铜鎏金公孙元息造释迦多宝佛像

北魏太和十六年（492年）
高14.3厘米　宽7.1厘米

—————————

　　释迦多宝佛背屏内雕刻两个独立的舟形
火焰纹背光。双佛高肉髻，身着袈裟，双手
施禅定印，结跏趺坐。背面释迦牟尼佛说法
像，火焰纹背光，内为圆形头光，高肉髻，
袒右肩袈裟。袈裟衣纹细密规整，有鲜卑民
族的文化特征。右手作说法印，左手握衣
角。下为四足方座，座前刻双绳纹。座上刻
发愿文："太和十六年四月十二日，居庸县
人公孙元息为亡母造多宝像一区供养。"

　　居庸县治在今北京市延庆区，西汉时设
置，北魏太和时期属燕州上谷郡，北齐末年
受突厥侵扰而消亡。（冯贺军）

7

铜鎏金□春造释迦牟尼佛像

北魏太和十七年（493年）

高11.8厘米　宽4.4厘米

　　佛结跏趺坐在双狮座上，着袒右袈裟。胁侍为二菩萨。背面线刻一佛，结跏趺坐在束腰藤座上，施禅定印。座子束腰，下部略大，四足略向外侈，正面左右各一持花供养人，衣饰具有鲜卑民族特征，中间为博山炉，其余三面阴刻发愿文："太和十七年六月十日，佛弟子□春为□难年等造释迦牟尼像一区。"（冯贺军）

铜鎏金郭武牺造莲花手观音像

北魏太和二十三年（499年）

高16.5厘米　宽6.2厘米

观音头戴冠，椭圆形面庞，修眉细目，眼角略向上翘，尖鼻。右手持长茎莲，左手握帔帛一角，帔帛缠绕其袒露之上身，下穿裙，跣足直立。舟形火焰纹背光。像背面供养人手持香花，礼拜释迦牟尼佛。释迦牟尼佛穿圆领袈裟，结跏趺坐，形象高大庄严，与供养人形成鲜明对比。像底部为外侈四足座，正面为二供养人，一男一女，他们是造像的出资者和供奉者。背面刻有发愿文："太和廿三年五月廿日，清信士女郭武牺造像一区，所愿从心，故已耳。""已"当是"记"或"纪"的俗写。

此类造像为北魏中晚期一种常见的造型，流行于河北、河南一带。这类观音像对衣饰的刻画非常精细、准确，飘逸飞动的帔帛尤其令人称道。

此像曾经尊古斋主人黄濬收藏。（冯贺军）

铜刘德□造释迦多宝佛像

北魏永平三年（510年）

高11.7厘米　宽5.1厘米

———

　　释迦多宝佛背屏内雕刻两个独立的舟形火焰纹背光。双佛高肉髻，着袈裟，双手施禅定印，结跏趺坐。背面释迦牟尼佛说法像，火焰纹背光，内为圆形头光，高肉髻，右手作说法印，左手握衣角。袒右肩袈裟。下为四足方座。座上刻发愿文："永平三年五月廿九日，□县人刘德□为父母造像一区。"（冯贺军）

铜鎏金保进造莲花手观音像

北魏神龟元年（518年）

高19.6厘米　宽7厘米

———————

舟形背光。观音高髻，身穿帔帛，帛带飞扬飘动。右手持长茎莲花，跣足直立在四足座上。座上刻发愿文："神龟元年十二月十日，比丘僧保进造观世音像一躯。"（冯贺军）

石王女仁造释迦牟尼佛像

北魏正光元年（520年）

高89.5厘米　宽57.5厘米

———————

　　佛身披双层褒衣博带式袈裟，其样式为右侧衣角从胸前垂下再搭在左臂上，内着僧祇支，僧祇支束帛带。肩部衣纹呈三角形，裙摆两层呈回曲样。佛施无畏与愿印，善跏趺坐束腰须弥座上。背光上部残，下缘平直，正面雕刻火焰纹，背面刻发愿文："武定元年九月八日，清信女王女仁兴心造记。父母生存之日，正光元年中造像两区释迦、观音，为国族永康，三宝苌延，兄弟姊妹，亡者归真，现存得福，亲罗蒙润，眷属得济，一切含生，普得善愿，一时成佛。"

　　河北省曲阳县修德寺遗址出土。（胡国强）

石邸荀生造观音像

北魏正光五年（524年）

高28.5厘米　宽9.5厘米

　　观音头戴三叶冠，束发，前额留发，头向左微倾，眉目清秀，略带笑意。肩披帔帛，下穿长裙，稍外侈，颈系饰物，右手持莲蕾，左手持桃形物，胸平腹鼓，跣足立于双瓣覆莲座上，下为长方形素面基座。舟形火焰纹背光，头光为五环同心圆。衣饰、背光、莲蓬、覆莲均给人厚重之感，显示出曲阳北魏时期造像的特征。座上刻发愿文："武（正）光五年八月八日，邸荀生敬造观音一区，上为皇家永隆，后为七世父母，己身眷属，法界沧生，同齐斯泽，恶而侍佛时。"发愿文上的"武"字实为"正"字，是文物出土后误补造成的。

　　河北省曲阳县修德寺遗址出土。（冯贺军）

石张买德造观音佛像

北魏孝昌三年（527年）

高25.4厘米　宽12厘米

观音身着褒衣博带式袈裟，内穿僧祇支。双手相叠，掌心向内，结跏趺坐。束腰长方形须弥座上刻发愿文："孝昌三年四月廿一日，佛弟子张买德造观世音玉象成□，愿令□切边地众生，离苦得乐。"

此像发愿文为观音，而本身却是佛像，这很可能是比较少见的观音佛。魏晋南北朝时期曾有一种观音佛的称法。这种观音佛名称上是观音，造型则是佛装形式。如北魏正光五年（524年）胡绊妻造"观世音佛"、永安二年（529年）张欢□造"观世音佛"及东魏天平二年（535年）张荣迁造像碑榜题中的"观世音佛主刘道亮"等，有研究者认为这是"补处成佛"说法的影响。类似的情况不仅出现在单体造像上，在洛阳龙门石窟中也有发现。一些供养人并不清楚佛与观音形象上的区别，有些造像常常是像刻成后，才有施主出资供养，这时始刻供养人的芳名与行愿，像之名称与造型不符的情况也是有可能出现的。

河北省曲阳县修德寺遗址出土。（冯贺军）

铜释迦多宝佛像
北魏孝昌四年（528年）
高12.1厘米　宽6厘米

———

　　释迦多宝佛背屏上部有一坐佛。释迦多
宝佛高肉髻，着通肩袈裟，双手施禅定印，
结跏趺坐，下为外侈四足方座。座上刻发愿
文："孝昌四年昌……"（冯贺军）

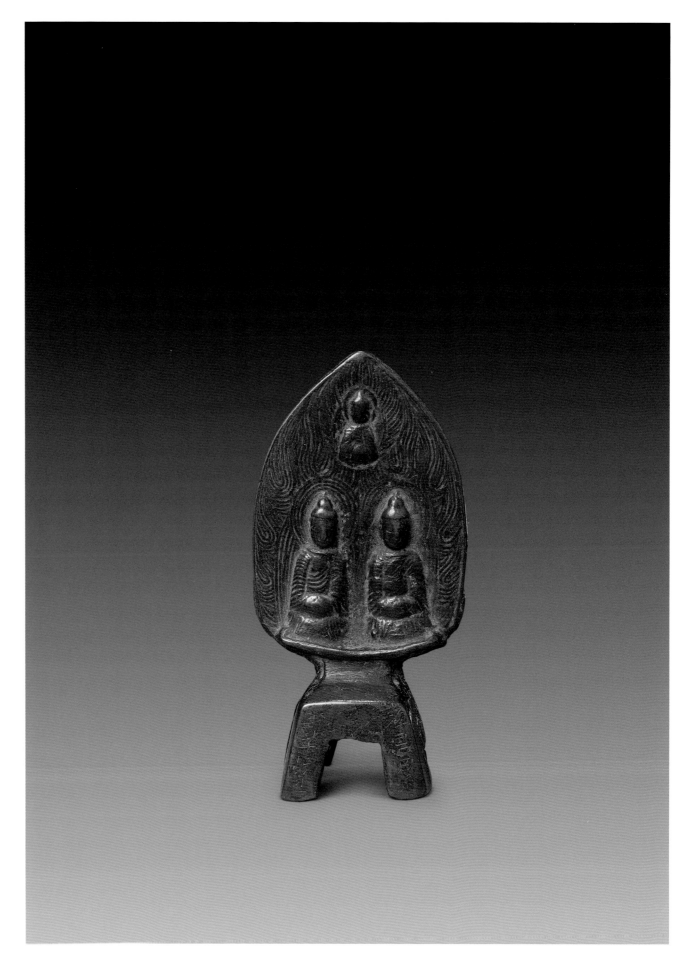

石杨天仁等造弥勒佛像

北魏武泰元年（528年）
高33厘米　宽27.6厘米

弥勒佛头与背光残缺。身穿双领袈裟，胸前系带，左手施与愿印，右手残破，结跏趺坐于须弥座上。须弥座背面、侧面刻发愿文："真王五年正月八日，上曲阳城内唯那杨天仁等二百人邑义，为亡邑义造弥勒像一区，上为皇家，下为受苦苍生，见在邑义，同生净国，在佛文法，□佛德法，愿愿成佛，所求如意。"

历史上使用"真王"年号的有破落汗拔陵和杜洛周二人。正光五年（524年）三月，沃野镇人破落汗拔陵聚众反，杀镇将，号真王元年。孝昌元年（525年）八月，柔玄镇人杜洛周率众反于上谷，年号真王。杜洛周使用"真王"年号而不别建年号，意在说明自己是破落汗拔陵的继承人，借以召归破落汗拔陵起义军残部，扩大起义军的影响。《魏书》卷九："武泰元年春正月……乙丑，定州为杜洛周所陷，执刺史杨津。"杜洛周在攻陷定州后即被杀，真王年号就此消失。杜洛周实际起义时间只有4年，纪年按一般常理是不会出现5年的，之所以如此，正是由于其承继的是破落汗拔陵年号。这从上海博物馆所藏具有真王干支纪年的铜佛像上也可以得到佐证。由是可以判定，曲阳佛像中的真王五年应为杜洛周攻陷定州的武泰元年（528年）。此件发愿文中的正月初八，恰在乙丑的后一天，而此一天二百邑义为亡邑义共同出资造弥勒佛像，所亡者应非正常死亡，极可能是杜洛周攻打定州及其周围地区时死亡之人。

河北省曲阳县修德寺遗址出土。（冯贺军）

石王起同造观音像

北魏武泰元年（528年）

高29.5厘米　宽11.5厘米

———

　　观音头戴三叶方梁冠，发髻中分向后绾
于冠内，发辫垂于肩。头圆雕，脑后有石柱与
头光相连，脸形瘦长，下颌内收。右手上举，
左手持桃形物。帔帛两端在膝部呈双弧形相
交，反折至双臂垂下。下身穿长裙，裙褶简括
流畅略向外撇，跣足立圆形单瓣莲座上。舟形
背屏正面刻双线为界，外刻火焰纹，内雕莲瓣
圆形头光和齿轮状莲瓣身光。背面线刻女供养
人像，双手合十，肩部饰圆形卡，悬挂三条发
带，腰挎帔帛，身穿长裙，足蹬云头履。长方
形基座，右、后两面刻发愿文："真王五年，
佛弟子王起同造观世音像一区，上为皇帝国
主，七世父母，现前居家眷属，边地众生，离
苦得乐，行如菩萨，得道成佛。"

　　河北省曲阳县修德寺遗址出土。（胡国强）

石樊保僊等造释迦牟尼佛像

北魏永安元年（528年）
高49厘米　宽29.5厘米

　　释迦牟尼佛螺髻，面庞圆润，眉目清秀，双耳硕大，外穿袈裟，内穿僧祇支，结跏趺坐。火焰纹背光，头光双莲瓣浮雕，外饰弦纹。长方形基座，座四面及背光侧面刻发愿文为："夫灵根缅邈，非妙达不能识其源；至道冲玄，非幽致无以采其趣。故末俗空浮，未悟正觉，是以佛弟子樊保僊兄弟等自惟不孝，罪殊三千，凤置狭匮，少失覆阴，仰惟慈颜，曾无仿佛，谨竭贫素，仰为亡考亡妣造玉石像一区，又愿亡父母上会紫宫释迦

之室，下生天王玉殿之里，伏愿合门大小，因缘眷属，保无退之道心，崇日憎之要业，出无生之大苦，入有生之大乐。足蹑龙华，口餐香积，优游太空，行坐无碍，一切众生，咸蒙斯愿。""大魏永安元年岁次戊申十二月廿三日，佛弟子樊保僊、樊□僊、樊树僊兄弟三人等仰为帝主，下为亡父母，造玉释迦文像一区。""河东郡北猗氏县佛弟子樊元和等供养佛时。樊延孙、樊季和、樊仲礼、樊宗和、樊宗礼、樊季礼，清信女法姜、法姿、□□、

赐姜、法胜、胜蛮、胜容，清信妇程练、妇王姬、妇介敬、妇王元姿、妇王妃。"榜题有"亡弟樊文僊、亡儿樊敬孙供养""亡姊樊黑女""亡父樊昙海常在佛前""比丘僧法慧""法□"等。

　　河东郡北猗氏县，西汉时设置猗氏县，隶属河东郡，故治在今临猗县南二十里铁匠营村。北魏太和十一年（487年）改置北猗氏县。西魏恭帝二年（555年）改为桑泉县，北周明帝复改猗氏县，属汾阴郡。（冯贺军）

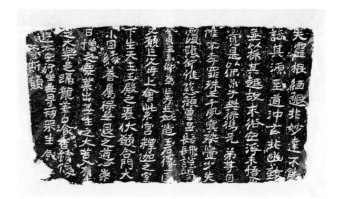

石张法姜造观音像

北魏永熙二年（533年）

高34.7厘米　宽13厘米

观音头戴方梁冠，脸颊丰满，五官清
秀。发辫下垂，双肩各饰圆形发卡，两条系带
从胸前飘下。右手上举握莲蕾，左手下垂。帔
帛覆肩，两端在膝前交叉后，分别反折向上
穿过左右肘垂下。下着裙，跣足立宝装莲圆
座上。背光阴线刻火焰纹等图案。长方形基
座左、右、后三面刻发愿文："永熙二年十月
十六日，赵曹生妻张法姜为妄息眷属，含生之
类，造观音玉像一躯。故记之。"

河北省曲阳县修德寺遗址出土。（胡国强）

铜鎏金张小兴造观音像

东魏天平二年（535年）

高14.3厘米　宽5厘米

———

舟形火焰纹背光。观音双手一上扬，一下垂，跣足直立，下为双层四足座。座上刻发愿文："唯大代天平二年六月廿三日，定州常山郡行唐县清信士佛弟子张小兴造观世音像一区，上为国家，又为亡父母，己身眷属，遍地众生，咸同福庆。"

行唐县，即今河北省行唐县，北魏时曾隶属于常山郡。（冯贺军）

石昙晏等造佛像

东魏天平三年（536年）
高65.2厘米　宽33厘米

佛头残缺，施无畏与愿印。内着僧祇支，束带，外披双层袈裟，雕凸起的三角装饰衣纹，膝部以下衣纹折边分为四层分别表现袈裟和长裙下摆，跣足站立于圆形莲座上。背屏外层浮雕火焰纹，内层齿轮样莲瓣装饰头光和身光。长方形基座背后刻发愿文："唯大魏天平三年岁在丙辰十二月丁卯朔三日己巳，像主追恩寺比丘昙晏、前上曲阳督护博陵崔桃杖、邸纯陁、邸拔延、杨双贵。"

河北省曲阳县修德寺遗址出土。（胡国强）

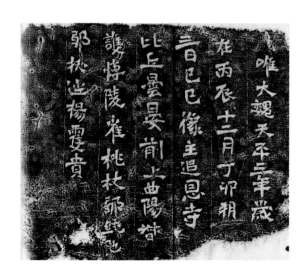

石朝阳村卅人等造释迦牟尼佛像

东魏天平四年（537年）
高50.2厘米　宽29厘米

　　佛脸瘦长，肉髻光素，禅定印，双手掌心向内，结跏趺坐。身着双层袈裟，领口低垂，内露僧祇支，衣摆悬垂须弥座前。长方形基座右、后、左三面刻发愿文："天平四年三月丙寅朔廿八日，朝阳村邑仪男子、母人卅人等，谨造释加像一区，上为皇家祚隆无穷，下为无边众生离苦得洛，后愿邑仪人等，生生世世，直厶闻法，道心日增，俱时成厶。张买女、赵凤洪、刘光□、杜田女、杜文之、赵迎男、郭春光、刘延女、高阿牛、刘银美、张僧姬、高早美、李双姬、李男□、郭奈□、房法容、张妙光。"

　　河北省曲阳县修德寺遗址出土。（胡国强）

铜僧成造弥勒佛像

南朝梁大同三年（537年）

高10.5厘米　宽5.4厘米

———

弥勒佛内穿僧祇支，外穿袈裟，施无畏与愿印，立于覆莲台座上，左右各一弟子胁侍。火焰纹背光，背光上部略向内卷，头光处饰莲瓣纹。像背刻铭："大同三年七月十二日，比丘僧成造琋（弥）勒像一躯。""琋"为"弥"之俗写。

有关僧成的记载，还有两处：一是《高僧传》卷八："时高座寺僧成、旷野寺僧宝，亦并齐代法匠。"一是齐永明元年释玄嵩造像碑，其铭云："齐永明元年岁次癸亥七月十五日，西凉曹比丘释玄嵩……敬造无量寿、当来弥勒成佛二世尊像……比丘释僧成，掺□值□，共成此□。"二者之间是否有一定联系尚不清楚。

南朝铜造像发现较少，具时间与供养人铭者更为罕见，该像像体虽然不大，但雕铸精美，特别是弥勒和胁侍面部的刻画，细致准确，洵非一般工匠所为。（冯贺军）

铜鎏金裴双□造观音像

东魏元象元年（538年）
高9.5厘米　宽3厘米

————

　　舟形火焰纹背光，内为圆形莲瓣纹头光。观音头戴三叶冠，身穿帔帛，右手持莲蕾，跣足直立在莲台上，下为四足方座。座上刻发愿文："元象元年十二月日，佛弟子裴双□造观音像一区，为息放……"（冯贺军）

石惠照造思惟像

东魏元象二年（539年）
高47厘米　宽21厘米

────────

　　圆形头光。思惟头戴三叶冠，冠叶较高，呈柱状，宝缯上扬飞翘。面形略长，修眉细目，嘴角有笑意。上身向前略倾，胸前有项饰。手持长茎莲蕾，莲蕾刻在头光之上。思惟半跏趺坐于筌蹄之上，下为厚重的双覆莲瓣。长方形素面基座。基座背面刻发愿文为："元象二年正月一日，佛弟子比丘尼惠照造思惟玉像一区，上为国主，先亡父母，己身眷属，合家大小，一切有形，同升妙乐。"

　　"思惟"也称"思维"，系指着菩萨装、一手扶颐、半跏趺坐于筌蹄之上的一种造像样式，它是曲阳佛像中最具特色的题材之一。东魏元象、兴和时期的思惟像，多为单体，圆形头光，头戴三叶冠，宝缯上扬飞翘。腰肢圆润，略向前倾，胸前有项饰，帔帛外侈，下飘至基座上。手持长茎莲蕾，莲蕾刻在背光之上。思惟像没有胁侍，也没有龙树作背景陪衬。稍长的脸庞，微闭的双眼，嘴角处不经意间露出的会意微笑，刻画出思惟瞬间顿悟之表情。武定时期的思惟像，面庞由长方向圆形过渡，向上飞翘的宝缯不复存在，平铺于基座上的薄双覆莲瓣成为主流，思惟下垂之足有一较高的小莲台承托。北齐天保年间思惟像基本沿袭武定年间雕刻模式，仍以单思惟为主，形体更显修长。天保以后，单、双思惟像并存，隋代思惟像沿袭北齐后期风格，更趋于简单，唐代不再出现思惟像。

　　河北省曲阳县修德寺遗址出土。（冯贺军）

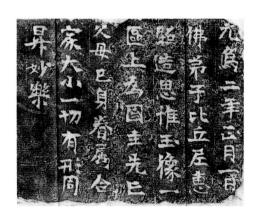

石董定姜造观音像

东魏元象二年（539年）
高28.5厘米　宽12.2厘米

观音头戴方梁冠，发髻绾于冠内，发辫
垂肩。脸形瘦小，面含微笑。上身袒裸，佩戴
项饰，肩部圆形卡系飘带。帔帛两端在膝部
交叉，上折缠双臂垂下。右手抬起握莲蕾，左
手置于胯部。背光刻圆形头光，内雕莲瓣，外
饰火焰纹。立圆形莲座上。长方形基座右、
后、左三面刻发愿文："元象二年八月十三
日，佛弟子董定姜，自为己身，患除罪灭，无
病长寿，来生净国，合家居眷，同时离苦，无
边众生，俱沾解脱，敬造玉观音像一区，诚心
供养。"

河北省曲阳县修德寺遗址出土。（胡国强）

石法广造观音像

东魏元象二年（539年）
高28厘米　宽12厘米

———————

　　舟形背光，右上部残缺。观音头戴方
冠，系缯带，帔帛在腹部交结，下穿长裙，跣
足直立在莲花圆台上，下为方形座。座上阴
刻发愿文："元象二年十月十日，比丘法广造
观音玉像一区，愿国祚无穷，万境宁泰，师
僧康延，父母获益，泽润黎□，俱升彼岸。"
（冯贺军）

石道起造思惟像

东魏兴和元年（539年）
高41厘米　宽19.5厘米

　　思惟头戴三叶冠，面略长，修眉细目，身体向前倾。右手支颐，左手扶抬起的右腿，双臂有残缺，半跏趺坐于筌蹄之上，下为覆莲，覆莲较薄，平铺于基座上。基座上刻发愿文："兴和元年，比丘道起造白玉像一区，上为国家及四恩三有，波及六道法界众生及家眷属，皆蒙造像功德，一时成佛。"

　　比丘为男性出家人。四恩有两种说法：一是父母恩、众生恩、国主恩、三宝恩；一是父母恩、师长恩、国主恩、施主恩。前者相对普通信众，后者相对寺院僧侣。三有指三界（欲界、色界、无色界）有情众生。六道即天、人、阿修罗、地狱、饿鬼、畜生，为佛教所说依据前世修行转世投胎得到的六种不同结果，地狱是对恶行最严厉的报应，阿修罗则是善行的最好回报。

　　河北省曲阳县修德寺遗址出土。（冯贺军）

石邸广寿造思惟像

东魏兴和二年（540年）
高60厘米　宽26厘米

———————

　　思惟头戴三叶冠，宝缯束发，缯带上扬。面庞略显修长，眉目清秀，眼角与嘴角含有笑意。右手支颐，左手扶抬起的右腿，半跏趺坐于筌蹄之上，下为覆莲座。基座上刻发愿文："大伐（代）兴和二年岁在庚申二月己卯朔廿三日亲丑，清信佛弟子邸广寿仰为亡考，敬造玉思惟一区，愿亡考上生净妙国土，合家眷属，常居富利，七世同沾，有形齐润，所愿如是。像主前平乡令邸僧景。"

　　该像姿态优美，雕刻技法娴熟，为东魏佛教艺术佳作。

　　河北省曲阳县修德寺遗址出土。（冯贺军）

石静□造观音像

东魏兴和二年（540年）
高31.8厘米　宽15厘米

　　观音头戴方梁冠，发髻绾于冠内，发辫垂肩。上身袒露，佩戴项饰，肩部圆形卡挂几缕飘带。帔帛两端在膝部交叉，上折缠双臂垂下。右手抬起握莲蕾，左手在下持桃形物。身体与像座比例偏小。圆形单瓣莲座，光素背光。四方形基座右、后两面刻发愿文："兴和二年四月十五日，高仲景寺比丘尼静□，为洛难还家，敬造观音像一区，上为皇帝陛下，后为无遍众生，七世先亡，一时成佛。"

　　河北省曲阳县修德寺遗址出土。（胡国强）

石赵道成造释迦多宝佛像

东魏兴和三年（541年）
高20厘米　宽18厘米

———————

　　释迦多宝佛长圆脸，高肉髻，施无畏与
愿印。身披双领裂裟，裂裟领口较低，内着僧
祇支，束带。结跏趺坐，右足压在左腿上。裂
裟裙摆悬垂于须弥座前。基座前、右、后三面
刻发愿文："兴和三年八月廿九日，佛弟子赵
道成造多宝像一区，上为皇帝，下为家居眷
属，延芟□忘，含同此愿。"

　　河北省曲阳县修德寺遗址出土。（胡国强）

石王丰姬造弥勒佛像

东魏兴和三年（541年）

高45厘米　宽23.5厘米

弥勒佛高肉髻，修眉细目，眼略向下视。内穿僧祇支，胸前系带，身穿袈裟，裙下缘外侈，衣褶起伏有序。右手施无畏印，左手施与愿印，跣足立于双瓣覆莲上。除头光有莲花图案外，其余大部分为素面。底为素面长方形基座，基座刻发愿文："大魏兴和三年十一月廿五日，上曲阳县人李晦妻王丰姬为亡息李景珍敬造弥勒像一区，上为国家，后为七世父母，居眷大小，亡过现存，边地众生，一时成佛。"

上曲阳即现在的河北省曲阳县。曲阳之名，据郦道元《水经注》载是因为县治在山曲之阳，故曰曲阳。《魏书·地形志上》记载，在两汉、西晋时期，上曲阳和下曲阳是分属不同郡治的两个县，上曲阳居北，称上；下曲阳居南，称下。在太平真君七年（446年）将上曲阳县并入新市后，下曲阳县改称曲阳县。景明元年（500年）复置上曲阳县后，巨鹿郡曲阳县又重新改为下曲阳县。这一称谓一直沿袭至北齐。北齐天保七年（556年）由于下曲阳县制被取消，上曲阳遂改成曲阳。

北魏至东魏时期，弥勒以交脚菩萨形象居多，但在河北定州地区却以佛像为多，包括立像、倚坐像、结跏趺坐像等多种形象，显示出其独特性。

河北省曲阳县修德寺遗址出土。（冯贺军）

石乐零秀造观音像

东魏兴和三年（541年）
高27厘米　宽13厘米

观音头戴三叶冠，发髻绾于冠内，发辫垂肩。方形脸，眉眼横长，嘴角内收含笑。上身袒裸，佩戴项饰，肩部圆形卡挂几缕发带。帔帛穿圆璧，右端返回右侧上折，缠绕右臂下垂，左端相反。这种帔帛样式非常少见。右手抬起握莲蕾，左手在下持桃形物。圆形宝装莲座背屏后光素。长方基座右、后、左三面刻发愿文："兴和三年正月廿三日，京上村佛弟子乐零秀敬造观世音像一区，上为皇帝陛下，七世先忘，现在眷属，边地含生，等同福愿。"

河北省曲阳县修德寺遗址出土。（胡国强）

铜鎏金张相女造观音佛像

东魏兴和三年（541年）
高15.3厘米　宽8.7厘米

———————

　　双佛高肉髻，各有独立的背光，头光部
分为莲瓣纹，外为火焰纹，二背光合成一个大
背光，上部为建筑屋顶样式。结跏趺坐，两侧
为胁侍弟子，底为四足方座，座上刻发愿文：
"兴和三年三月廿三日，高陵村张相女□□□
生忘儿离苦欣廿一向□□□见在兄姊□□□
观世音像一躯……见存□福。"（冯贺军）

铜孙青周造观音佛像

东魏兴和三年（541年）

高11.7厘米　宽5.4厘米

　　舟形火焰纹背光，顶部有化佛，内为圆形莲瓣纹头光。佛身穿袈裟，施无畏与愿印，跣足直立在莲台上，两侧有二胁侍菩萨。莲台下为四足方座。座上刻发愿文："兴和三年六月廿八日，佛弟子孙青周自为己身敬造观世音象一区，愿□□□□，愿愿从心，侍供养。"（冯贺军）

铜鎏金□句业造佛像

东魏兴和三年（541年）
高14厘米　宽5.1厘米

　　舟形火焰纹背光，内为圆形头光。佛高
肉髻，身穿袈裟，右手施无畏印，左手施与愿
印，跣足直立在圆莲台上，下为四足方座。座
上刻发愿文："兴和三年三月三日，□句业为
亡……造□一区，托生西天。"（冯贺军）

铜鎏金张荣廷造菩萨像

东魏兴和三年（541年）
高14.5厘米　宽5.1厘米

　　舟形火焰纹背光，内为圆形头光。菩萨
头戴花蔓冠，系宝缯，身披帔帛。帔帛在腹部
相交后上折搭双臂后下垂。右手施无畏印，
左手施与愿印，跣足直立在圆莲台上，下为四
足方座。座上刻发愿文："兴和三年，佛弟子
张荣廷为息张永贵造像一区。"（冯贺军）

石邸月光造观音像

东魏兴和四年（542年）

高26.8厘米　宽10.3厘米

　　观音头戴方梁冠，发髻绾于冠内，发辫垂肩。上身袒裸，佩戴项饰，肩部圆形卡挂几缕发带。帔帛两端在膝部交叉，上折缠双臂垂下。右手抬起握莲蕾，左手向下持桃形物。背光内为同心圆头光，外为火焰纹。圆形莲座，下为长方形基座。座右、后、左三面刻发愿文："兴和四年五月十五日，清信仕佛弟子邸月光中初发愿，造请观世音像一区，上为皇帝陛下，后为七世先亡，所生父母，己身眷属，普□一切，同登洛妙，三会初首，所愿如是。"

　　河北省曲阳县修德寺遗址出土。（胡国强）

石王善思造观音像

东魏武定元年（543年）
高32厘米　宽14.5厘米

———————

　　观音头戴三叶花蔓冠，系缯带，舟形背
光，有项饰，帔帛在腹部交结，下穿裙。右手
上举持莲蕾，左手向下握桃形物，跣足直立
莲花台上。下为长方形座。座上阴刻发愿文：
"武定元年二月廿三日，王善思为身在外戍
遇患，发愿造观音像一区，有愿父母，见存受
富，亡者生，内外大小侍佛时。"（冯贺军）

石杨回洛造观音像

东魏武定元年（543年）

高47厘米　宽19厘米

——————

　　观音方形脸，头戴三叶花蔓冠，修眉细目，脸呈笑意。身饰璎珞，璎珞在腹部穿璧。上身内穿僧祇支，下穿束腰长裙。右手上举持莲蕾，左手下垂握桃形物。舟形背光，外缘有3道弦纹，弦纹内为墨绘火焰纹，背光背面彩绘思惟像。长方形基座正面中央浮雕化生童子托博山炉，两侧护法狮子为蹲立，前一足抬起，尾巴上扬。基座右后两面刻发愿文："大魏武定元年岁次癸亥五月庚寅朔十二日亲丑，清信士佛弟子杨回洛遇患迳□，即发洪□，愿造观音白玉像一区，上为龙天八部，中报四恩，下为含识，并及七世先亡父母，现在内亲父及己身，现存眷□，生生世世，恒值诸佛，弥勒下生，一时居道。"

　　河北省曲阳县修德寺遗址出土。（冯贺军）

石刘定吴等造菩萨像

东魏武定元年（543年）
高46.5厘米　宽21厘米

———————————

　　菩萨头戴三叶冠，系缯带，有项饰，帔
帛在腹部交结，下穿裙。右手上举持莲蕾，
左手下垂握桃形物。舟形背光，右上残缺。
跣足直立莲花台上，下为长方形座。座上阴
刻发愿文："武定元年八月廿四日，佛弟刘定
吴、张天姬夫□□，愿□造白玉像三躯，上为
国家，七世先亡，命过男女，现在有为，遍地
众生，未来龙华，居登上首。"（冯贺军）

41

石王思和造观音像

东魏武定元年（543年）
高37厘米　宽20.5厘米

观音头戴三叶冠，系缯带，有项饰，帔帛在腹部交结，下穿裙。右手持莲蕾，左手握桃形物。舟形背光，上部残缺。跣足直立莲花台上，下为长方形座。座上阴刻发愿文："□（武）定元年十月□日，菀中村王思和造白玉观音像一区，上为国主，边地众生，俱登上道。"

此观音像在造型和衣饰上为东魏风格，而此时期只有"武定"符合发愿文意，故缺失的字应为"武"。（冯贺军）

石邸昭造观音像

东魏武定二年（544年）
高27厘米　宽13厘米

　　观音头戴三叶冠，发系缯带，有项饰，帔帛在腹部交结，下穿裙。右手持莲蕾，左手握桃形物，跣足直立莲花台上。下为长方形座。座上阴刻发愿文："武定二年四月廿一日，邸昭自为己身，敬造观世音玉像一区，一为亡过父母，见前眷属，离苦成佛，又愿国土永安，人民得乐，法界众生，俱同成佛，愿愿如是。"（冯贺军）

石苏丰洛造菩萨像

东魏武定二年（544年）

高35.7厘米　宽14厘米

菩萨圆形脸，头戴三叶冠，圆形发卡将两侧发辫固定于肩卷曲垂下，两条束带垂至体侧。袒胸佩戴项饰，穿璧式帔帛。右手上举持莲蕾，左手下垂握桃形物。下身穿裙，跣足立圆形莲座上。光素背屏，背面有半圆形插座。长方形基座后、左两面刻发愿文："武定二年，太岁在甲子，□信士苏丰洛造玉象一区，大家父母为大家兄弟眷属，所造玉象，举高尺半，愿愿从□。"

河北省曲阳县修德寺遗址出土。（胡国强）

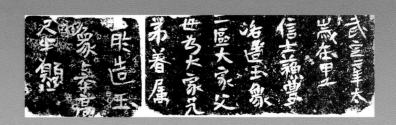

石邸金龙造思惟像

东魏武定三年（545年）
高23.5厘米　宽20厘米

像上身残缺，左手握衣角，半跏趺坐束藤筌蹄座上，座下平铺圆形莲花，左脚踏凸起小莲台上。从残存的造型可知此为思惟像。基座正面雕刻化生童子托博山炉、护法狮和供养人，供养人旁刻有"比丘宝琳""比丘宝訒"的名字。供养人为僧人，左侧的光头，身穿袈裟，跣足直立，右手持香盒。右侧的装束与左侧者相同，左手持香花。右、后两面刻发愿文："大巍武定三年岁在乙丑三月庚辰朔十八日丙申，上曲阳城内邸金龙，上为皇家，亡过父母，亡□眷属，敬造白玉太子思惟像一区，愿国祚永康，过往父母，托生净妙，亡儿舍秽从真，弥勒三会，愿在初唱，一切含生，豫彼泽津，皆同斯善，所愿如是。"

弥勒三会也称龙华三会。佛教教义中所说的宇宙自开创至最后消亡的三个阶段：初会（也称初唱）是燃灯佛铁菩提树开花；二会是释迦牟尼佛铁菩提树开花；三会是弥勒佛铁菩提树开花。一般信众多期待的是弥勒佛降世，超度人们到达极乐世界。

河北省曲阳县修德寺遗址出土。（冯贺军）

45

石郭元宾造菩萨像

东魏武定三年（545年）
高47.5厘米　宽18厘米

菩萨头戴三叶花蔓冠，内着僧祇支，披帔帛，手持莲蕾与桃形物，跣足立莲花座上。基座正面为化生童子托举香炉，外侧为狮子，狮子脊部雕刻莲花，整体以线刻为主，间用浮雕方法。后面刻发愿文："武定三年十月五日，佛弟子郭元宾为父前妻造玉像一区，高尺七。亡者生天，现任得富，弥勒三会，一时成佛。"

河北省曲阳县修德寺遗址出土。（冯贺军）

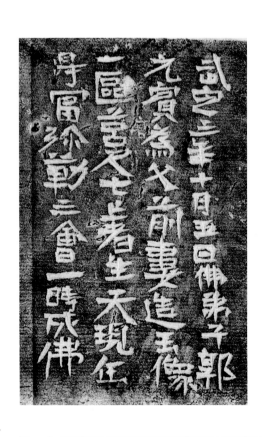

石惠朗造释迦多宝佛像

东魏武定四年（546年）
高26.5厘米　宽21厘米

　　释迦多宝佛长圆脸，肉髻有残，施无畏与
愿印，结跏趺坐，身披褒衣博带式袈裟，袈裟
裙摆悬垂须弥座前。基座背面刻发愿文："武
定四年，比丘惠朗为国兴福，造多宝供养。"
　　河北省曲阳县修德寺遗址出土。（胡国强）

石赵当男造菩萨像

东魏武定四年（546年）
高23厘米　宽11厘米

　　舟形素面背光。菩萨头戴三叶冠，内着僧祇支，帔帛在腹部穿璧交结，下穿裙，右手持莲蕾，左手握桃形物。跣足立于莲花圆台上，下为方形座。座上阴刻发愿文："武定四年三月十五日，清信仕佛子赵当男为亡夫张买造白玉象一区。"（冯贺军）

释迦多宝佛高肉髻，内穿僧祇支，外穿袈裟，双手结禅定印，结跏趺坐于长方形台座上。座上阴刻发愿文："武定五年五月二日，王起宗、李法容夫妻二人敬造多宝玉像一区，上为皇帝延祚，边地众生，七世先亡，居家眷属，一时成佛。"（冯贺军）

石张同柱等造释迦多宝佛像

东魏武定五年（547年）

高44.2厘米　宽24厘米

释迦多宝佛并坐，舟形背光，正面双佛均结跏趺坐，施无畏与愿印，着双领下垂式袈裟。座后阴刻发愿文："大巍武定五年七月二日，高门村张同柱、张银□、张腾等造白玉像一躯，为七世先亡，后为一切众生，离苦得乐。"

河北省曲阳县修德寺遗址出土。（冯贺军）

石邸显造思惟像

东魏武定五年（547年）
高30.8厘米　宽18.7厘米

思惟椭圆形脸，头戴三叶花蔓冠。身体前倾，半跏趺坐于束藤筌蹄座上，圆形莲座上设有小莲台，左足踏其上。思惟两侧为镂空龙树背屏，龙屈曲缠绕树柱，龙首托化生童子。基座后面刻发愿文："武定五年，佛弟子邸显为亡父母造思惟像一躯，愿先亡归真，见存获福。"

此像是曲阳造像中最早带有纪年的龙树背屏像。此种龙的造型，龙首基本都朝上，口中吐出的或为化生童子，或为伎乐飞天，身躯紧紧缠绕树干。长方形基座前面浮雕博山炉、护法狮和力士像，基座上出现力士也以此为最早。

河北省曲阳县修德寺遗址出土。（冯贺军）

石赵宗贵造菩萨像

东魏武定五年（547年）
高38厘米　宽17.2厘米

菩萨头戴三叶冠，内穿僧祇支，帔帛在
腹前结纽下垂，再上折缠臂飘下。右手持莲
蕾，左手握桃形物，下穿长裙，跣足立圆形
莲座上。长方形基座后、左两面刻发愿文：
"大巍将军在甲子，太岁在丁卯，武定五年
六月丙寅朔廿四日乙丑，赵宗贵造玉像一
区，上为忘父，下为现存内亲，自为既身，
妻息，洽生侍佛。"

河北地区在北魏晚期至北齐时期流行右
手持莲蕾、左手握桃形物之菩萨造型，这类菩
萨虽没有明确的名称，但从同类型的有观音发
愿文者可以推断其应为观音菩萨。

河北省曲阳县修德寺遗址出土。（冯贺军）

石张丰生等造菩萨像

东魏武定六年（548年）
高25厘米　宽13.5厘米

菩萨头戴三叶冠，系宝缯，缯带下垂至双肩处，颈项有饰物，帔帛在胸前穿璧反折臂部后下垂。右手持莲蕾，左手握桃形物，跣足直立莲花圆台上，下为长方形基座。基座上刻发愿文："武定六年三月丙寅朔一日，张丰生，妹门姿、显姿造玉像一区，上为皇家，后为亡父母、亡弟显祖，现存眷属。"
（冯贺军）

铜杜归洛造观音像

东魏武定六年（548年）
高17厘米　宽6.6厘米

　　舟形火焰纹背光，分内外两区，外区饰火焰纹，内为椭圆形头光。观音头戴三叶冠，身披帔帛，跣足直立在圆台上，圆台下为双层四足方座。座上刻发愿文："武定六年七月一日，九门县伯璧村杜归洛上为国家，下为边地众生，后为先亡七世父母，现存眷属，毋病长寿，敬造观世音像一区。"

　　九门县为西汉时设置，治所在今河北省石家庄市藁城区西北。（冯贺军）

石高□□造释迦牟尼佛像

东魏武定七年（549年）

高21厘米·宽15厘米

释迦牟尼佛高肉髻，内穿僧祇支，外穿袈裟，右手施无畏印，左手施与愿印，结跏趺坐于长方形叠涩束腰须弥座上。座前有护法双狮，后阴刻发愿文："大魏武定七年岁次己巳十一月五日，□□女佛弟子高□□为亡息造释迦一区，纪。"（冯贺军）

石马仵兴造观音像

东魏武定七年（549年）
高36.8厘米　宽15厘米

———————————

观音头戴三叶冠，长圆脸，五官雕凿较为简单，眉骨中间阴刻细线。内着僧祇支，胸佩戴项饰，肩拴穿璧式帔帛。右手上举持莲蕾，左手下垂握桃形物。长裙装饰双刻阴线。舟形背光，背面饰半圆形插座。长方形基座四面刻发愿文："武定七年七月甲寅朔十七日，佛弟子马仵兴为见存父忘母，造观世音像一区，愿忘母常在佛侧，所求如意。"

河北省曲阳县修德寺遗址出土。（胡国强）

石韩妙动造观音像

北齐天保元年（550年）

高26.7厘米　宽15厘米

观音头戴花蔓冠，修眉细目，慈祥端庄。胸前有饰物，内穿僧祇支，外披帔帛，帔帛于腹部交结下垂后向上反折，搭于两臂上。下穿长裙。右手上举持莲蕾，左手下垂握桃形物。素面背光，上部残缺。跣足直立长方形基座上，基座后、左两面刻发愿文："天保元年六月廿四日，韩妙动为亡息魔诃衍造观音玉像一区，上为皇家，又为边地众生，居家眷属，普蒙福庆。"

河北省曲阳县修德寺遗址出土。（冯贺军）

石邸进造菩萨像

北齐天保元年（550年）
高27.3厘米　宽14.5厘米

———————————

　　菩萨头戴三叶花蔓冠，修眉细目，慈祥端庄。胸前有饰物，内穿僧祇支，外披帔帛，帔帛于腹部交结下垂后向上反折，搭于两臂上。下穿长裙。右手上举持莲蕾，左手下垂握桃形物，跣足直立在长方形基座上，基座后、左两面刻发愿文："大魏天保一年六月五日，佛弟子邸进敬造玉象一区，上为皇帝陛下，居眷属，无病苌受。"

　　河北省曲阳县修德寺遗址出土。（冯贺军）

石侯市迁造菩萨像

北齐天保元年（550年）
高22.5厘米　宽10.5厘米

菩萨头戴花蔓冠，宝缯扎成扇形花结下垂至肩。内着僧祇支，肩挎穿璧式帔帛，偏衫两端顺体侧垂至基座。背屏背面雕花形插屏座，基座三面刻发愿文："天保一年二月八日，侯市迁为亡息造像一区，愿赐托生先方妙洛国土。"

河北省曲阳县修德寺遗址出土。（胡国强）

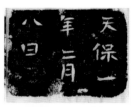

石张双卧造弥勒菩萨像

北齐天保二年（551年）
高47.5厘米　宽22.5厘米

弥勒菩萨头戴三叶冠，系宝缯，肩披帔帛，下垂至座，项下饰物，双脚相交，坐于覆莲座上，下有二帝释天相托。素面背光，长方形基座。基座刻发愿文："天保二年五月一日，清信士女佛弟子张双卧为亡夫杨早造弥勒下生像一区，举高尺八，愿使亡夫舍秽托生，得妙净果，并及眷属，居得常乐。"

弥勒是佛教造像中的主要神祇之一，有菩萨与佛两种形象。以菩萨的身份，身居兜率天上的多穿菩萨装。以佛的身份，驾临人间的多为佛装。前者为上生，后者为下生。通常交脚者多为菩萨形象。此交脚弥勒称"下生"，比较少见。

河北省曲阳县修德寺遗址出土。（冯贺军）

石乐妙香造思惟像

北齐天保二年（551年）

高60厘米　宽27厘米

―――――――

　　思惟圆形头光，头戴三叶冠，宝缯自耳部下垂至肩，眉目清秀，表情温和，面庞已从长方形向圆形过渡。下裙底边由方折变为弧线，更多地使用阴线双钩，衣纹刻画渐趋简化，基座素面，背面刻发愿文："天保二年四月廿五日，卢奴县人乐妙香敬造白玉像一区，上为皇帝陛下、乳海大王，后为亡夫、亡者男女并及己身、现在眷属，□为二途地狱，离苦得乐，愿法界众生，一时作佛。"

　　"乳海大王"应是"渤海大王"之误写。据《北齐书》记载，北魏普泰二年（532年），高欢"废节闵及中兴主而立孝武。孝武既即位，授神武大丞相、天柱大将军、太师、世袭定州刺史，增封并前十五万户"。后又封为渤海王。自东魏开始，权力的中心已从元魏移至高氏家族，皇帝成为傀儡，人们心目中只有渤海王。民国初年定州所出东魏武定元年（543年）高归彦造像，便有为渤海王祈福等内容。天保二年（551年）是北齐立国第二年，为高欢造像，更是名正言顺，其不仅出现在王室皇族中，在平民百姓中亦然，此颇能反映出高氏在定州之影响力。称高欢为渤海大王而不称其为神武皇帝，应是东魏时期习惯称呼的延续。

　　卢奴县，西汉时设置，治所在今河北省定州市，相传城内有黑色水池，水不流动。水黑曰"卢"，不流曰"奴"，卢奴因此得名。

　　河北省曲阳县修德寺遗址出土。（冯贺军）

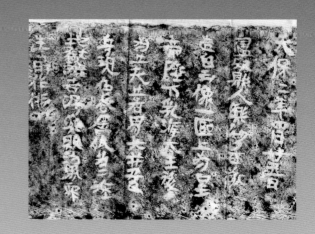

石苏老虎等造观音像

北齐天保二年（551年）

高55.5厘米　宽28.5厘米

　　观音圆形脸庞，头戴三叶冠。身披左右双弧形帔帛，佩戴穿璧璎珞，跣足立圆形莲座上。莲座两侧出长茎莲台，上立胁侍弟子。背屏插座呈桃形。基座前面雕刻化生童子托博山炉和护法狮，其他三面刻发愿文："天保二年七月廿九日，马□村西来客雍州京兆郡页成县苏老虎，咸阳郡宁夷县骆总明、张庆珍、韩□生十三人等造白玉观世音像一区，上为皇□，下为一切，自为己身，女人□永□因□□□□□□王吴妻□□□□□妙洛□□□□东□州□山郡□县人田□王法正、比丘僧僧幽。"

　　河北省曲阳县修德寺遗址出土。（胡国强）

石邸赦兴造菩萨像

北齐天保二年（551年）
高32.5厘米　宽13厘米

菩萨头戴花蔓冠，身披帔帛，佩戴圆璧璎珞。右手上举持莲蕾，左手下垂提桃形物。光素背光，背面雕人形背屏插座。长方形基座正面中央雕化生童子托举博山炉，外侧为护法双狮，其他三面刻发愿文："佛弟子邸赦兴为亡母造白玉像一区，愿亡母舍此秽形，托生净国，愿与诸佛菩萨共奉弥勒。大齐天保二年三月廿二日。"

河北省曲阳县修德寺遗址出土。（胡国强）

铜鎏金孟回周造释迦多宝佛像

北齐天保二年（551年）
高11.5厘米　宽7.5厘米

───────

　　释迦多宝佛肉髻，内穿僧祇支，外穿袈裟，右手施无畏印，左手施与愿印。二火焰纹背光相连，结跏趺坐四足方座上，外侧各有一胁侍弟子。座上阴刻发愿文："天保二年十二月廿三日，孟回周为亡父母造多宝像壹区，妻杜同姬、女息贵业……女□姿息迁贵。"

　　释迦多宝佛像沿袭北魏以来的造像风格，但精细程度稍显逊色。（冯贺军）

石僧理造思惟像

北齐天保五年（554年）

高30厘米　宽25.5厘米

　　思惟头戴三叶冠，系宝缯，缯带下垂肩部，胸饰璎珞，半跏趺坐于筌蹄上，左右的龙树与胁侍残缺。基座外侧为力士，中间为童子托炉，托炉童子与外侧站立力士之间是双狮。座内底部凿空，狮子等图像为透雕。基座背后刻发愿文："天保五年二月八日，比丘尼僧理为见存父，亡内亲、亡弟二人，敬造白玉石思惟一区，一切含生，普蒙正觉。"

　　河北省曲阳县修德寺遗址出土。（冯贺军）

石李神景等造无量寿佛像

北齐天保六年（555年）

高27厘米　宽27厘米

———————

　　佛头已失，身穿垂领式袈裟，衣纹起伏自然，线条流畅，下摆处叠褶，结跏趺坐于须弥座上。两侧龙树、胁侍与须弥座上的供养人残缺。基座上刻有化生童子、博山炉、狮子、力士。基座背后刻发愿文："天保六年正月廿三日，上曲阳县人李神景兄弟等，仰为皇帝陛下、亡父母，敬造白玉无量寿像一区并二菩萨，愿使亡父母舍此身己，往生西方极乐世界，又愿法界众生，居眷大小，远离苦津，速登正觉。"

　　河北省曲阳县修德寺遗址出土。（冯贺军）

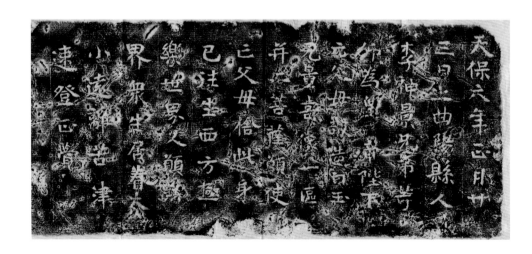

铜鎏金任□造菩萨像

北齐天保六年（555年）

高9厘米　宽3.2厘米

　　舟形火焰纹背光，内为圆形莲瓣头光。菩萨身披帔帛，右手上举持莲蕾，左手下垂，跣足直立在圆台上，下为四足方座。座上刻发愿文："天保六年三月廿二日，佛弟子任□为□父造一区，愿愿从心。"（冯贺军）

铜李宿女造菩萨像

北齐天保六年（555年）

高9厘米　宽3.6厘米

　　舟形火焰纹背光，内为圆形莲瓣头光。菩萨头戴花蔓冠，系宝缯，身披帔帛，帔帛在腹部相交后上折搭双臂后下垂。右手施无畏印，左手施与愿印，跣足直立在圆台上，下为四足方座。座上刻发愿文："天保六年七月一日，佛弟子李宿女为身己造像一区。"（冯贺军）

石韩子·思造思惟像

北齐天保七年（556年）
高36.5厘米　宽19厘米

———

　　思惟头戴三叶冠，额前系缯带，缯带飘至
肩部。右腿上抬，半跏趺坐于筌蹄上，足下为
小莲台。基座正面二童子托举博山炉，向外依
次为狮子、力士。侧面各有神王两尊。基座后
面刻有发愿文："天保七年四月八日，韩子思
仰为亡父母，敬造白玉思唯象一区。"

　　河北省曲阳县修德寺遗址出土。（冯贺军）

石张延造思惟像

北齐天保八年（557年）
高47厘米　宽29厘米

———————

　　思惟圆形脸，戴花蔓冠，圆形头光。肩
挎帔帛，帔帛两端垂至基座。右臂向上，左手
抱足踝，半跏趺坐。裙摆逐渐内收，雕刻竖道
纹饰，腿部阴刻双线衣纹。筌蹄座下铺垫圆
形垫，左足踏凸起圆形莲台。菩提树背屏，树
干缠龙，龙头向上口吐莲花童子，树冠镂空雕
刻扇形树叶，有飞天穿绕其间。基座正面雕刻
童子托博山炉、护法狮和力士像，后面刻发愿
文："大齐天保八年岁次丁丑七月戊戌朔廿日
丁巳，曲阳县人张延为亡妻陈外香造白玉思惟
像一区，愿令亡妻长辞四生，永绝六趣，转报
女身，道成圣果。又愿巳身，居眷大小，龙华
之期，一时悟道。"

　　河北省曲阳县修德寺遗址出土。（胡国强）

石王和等造释迦多宝佛像

北齐天保十年（559年）
高32厘米　宽27厘米

　　释迦多宝佛姿势相同，均左手施禅定印，右手施无畏印，内穿僧祇支，外穿袈裟，结跏趺坐于束腰叠涩长方座上。外有龛楣，两侧为龙树、弟子。基座正中为化生童子托举香炉，两侧有供养人，一男一女，双手合十，供养人两旁为狮子。基座刻发愿文："大齐天保十年岁次己卯四月戊午朔十八日乙亥，佛弟子王和、王思□道人智楞兄弟三人等为亡父母造多宝玉像一躯，上为皇帝陛下，中为七世先亡、师僧父母，下为含识、受苦众生，利苦得乐，愿共法界，一时成佛，俱登妙果也。"

　　此处的道人，指的是僧人而非道士。佛教在初传至中国时，对僧侣称谓有许多，道人是其中之一。北魏时期一度将统管全国佛教事务的僧官称为道人统。清人钱大昕《十驾斋养新录》中也曾提到："六朝以道人为沙门之称，不通于羽士。"

　　河北省曲阳县修德寺遗址出土。（冯贺军）

石韩郎宾造菩萨像

北齐天保十年（559年）
高26.5厘米　宽18.5厘米

———————————

菩萨圆形脸，戴花蔓冠，圆形头光，彩
画莲瓣。身披结纽式帔帛，跣足立基座上。菩
提树背屏，树干缠龙。左右二胁侍弟子，双手
合十，穿鞋直立。基座后、左两面刻发愿文：
"天保十年正月十五日，佛弟子韩郎宾敬造
玉象一区，上为先亡母父，下为法界众生，居
时成佛。"

河北省曲阳县修德寺遗址出土。（胡国强）

石赵邑人等造弥勒菩萨像

北齐乾明元年（560年）

高36.5厘米　宽37厘米

弥勒为交脚菩萨装，双足下各有一童子承足，右侧龙树与造像残失，左侧为螺髻辟支佛。基座中央为双童子托举博山炉，外侧依次为狮子、力士。狮子一足抬起，后部呈蹲坐状。力士双足也被童子托举，这在曲阳白石佛像中十分罕见。基座局部采用透雕方法。基座背面刻发愿文："乾明元年七月八日，庄严寺共寺下诸赵邑人等敬造弥勒下生像一区，仰为皇帝陛下，师僧父母，法界有形，一时成佛。"

辟支佛是梵文的音译，意译为缘觉，即独自觉悟之意。因观悟十二因缘而得道，其地位介于菩萨、罗汉之间。

河北省曲阳县修德寺遗址出土。（冯贺军）

石来□□造观音像

北齐乾明元年（560年）
高31厘米　宽19厘米

———————

　　观音头戴三叶冠，帔帛在腹部交结，下穿裙。右手持莲蕾，左手握桃形物，跣足直立莲花台上。下为长方形座。座上阴刻发愿文："乾明元年□月八日，安熹县来□□为忘比敬造观音像一区，上为皇帝师僧，七世父母，见在眷属法界，一时成佛。"

　　安熹县，东汉时始将安险县改名安熹县，也称"安喜"，县治在今河北省定州市区东部，北齐时属中山郡。（冯贺军）

石陈思业等造释迦多宝佛像

北齐太宁二年（562年）

高33.5厘米　宽34厘米

　　释迦多宝佛双手一施禅定印，一上扬，结跏趺坐（身躯部分残缺），下为长方形向内收束须弥座。像外侧为盘龙立柱及二胁侍（已残失）。基座中间为二童子托举博山炉，其旁为鹿头梵志和婆薮仙，鹿头梵志持骷髅，婆薮仙持鸟，二者相对，半跏趺坐，身穿窄袖袍服，足穿靴。外侧为狮子和力士。基座背面发愿文为："大齐太宁二年二月十五日，佛弟子陈思业、弟僧会、比丘法巽、弟辉宾等，为亡□并祖亲，又为亡父□□母，己身眷属，敬造白玉释迦父母像一区，因沾斯得，愿令居家大小，亡过现存，七世先亡，往生西方无量寿佛国，又□兴康延，兄弟□□，共登正道，无边法界，一时成佛。"

　　关于鹿头梵志与婆薮仙之题材，曲阳白石佛像中还有两件，一件为北齐思惟菩萨像，其基座题材与此件相同，鹿头梵志与婆薮仙头罩巾状物，穿靴，形象较上述者更为清晰。另一件为乾明元年释迦多宝佛像，鹿头梵志与婆薮仙介于狮子和力士之间，侧身面向中间，双手持鸟与骷髅。鹿头梵志与婆薮仙形象在云冈石窟、敦煌莫高窟、安阳小南海石窟及一些造像碑中均有发现，有些学者将其视为释迦牟尼佛的护法者，认为它是伴随释迦牟尼佛而出现的。但曲阳地区石佛像中鹿头梵志与婆薮仙，却是与释迦多宝佛或思惟菩萨等组合成一组。显然其护法范畴应更为广泛。另外，其他地区鹿头梵志与婆薮仙，多为头发卷曲、高鼻深目的胡人形象，而曲阳所出3件，却是汉人形象，这也是此一题材的地方特色之一。

　　河北省曲阳县修德寺遗址出土。（冯贺军）

石刘仰造双观音像

北齐太宁二年（562年）

高54厘米　宽26厘米

　　观音直立莲花台座上，双手一持桃形物，一持莲蕾，左右对称。舟形背光，上部浮雕双飞天托宝塔形象。基座正面中央童子托博山炉，向外依次为双狮、力士。基座上刻有发愿文："太宁二年二月八日，珍妻刘仰为忘夫敬造白玉双观音像一区，并及己身，无病长受，所愿如是。"

　　河北省曲阳县修德寺遗址出土。（冯贺军）

石吴子汉造双菩萨像

北齐太宁二年（562年）
高31.6厘米　宽16.5厘米

光素背屏。双菩萨头戴三叶花蔓冠，身披帔帛，右手持莲蕾，左手握桃形物，立圆形莲座上。长方形基座上刻发愿文："太宁二年五月十五日，佛弟吴子汉为忘父造白玉像一区，愿赐考与佛同会。"

河北省曲阳县修德寺遗址出土。（冯贺军）

石昙藉造双思惟像

北齐河清元年（562年）
高49厘米　宽30厘米

———

　　思惟头戴花蔓冠，圆形头光，身体姿势相同，左右对称。两侧胁侍弟子双手合十侍立。龙树背屏，龙首托化生童子，童子只露出头部。博山炉塑造简洁，狮子头一反顾，一前视，并非严格对称。外侧为力士。背面阴刻发愿文："河清元年六月十日，刘勤寺尼昙藉敬造双思惟白玉像一区，上为皇祚陛下，后为七世先亡，现存直佛，有形之类，等同思愿。"

　　在曲阳佛像发愿文中，涉及寺院共8处，东魏有追恩寺、高仲景寺，北齐有庄严寺、忠明寺、刘勤寺、高阳公寺、茌湟寺、张市寺。这批佛像最初应与这些寺院有一定联系，只不过这些寺院规模较小，故《曲阳县新志》《定州志》等志书中不见著录。

　　河北省曲阳县修德寺遗址出土。（冯贺军）

石僧想造弥勒佛像

北齐河清二年（563年）

高25.5厘米　宽18.5厘米

弥勒佛圆形头，低肉髻。身穿袈裟，善跏趺坐，双足踏莲台。基座后、左两面刻发愿文："河清二年二月十日，比丘尼僧想为亡父母造弥勒下山玉象一区，愿使亡过见存，同获佛果。"

"下山"为"下生"之误写。据沮渠京声译《佛说观弥勒菩萨上生兜率天经》讲，人们只要"精勤修诸功德，威仪不缺，扫塔涂地，以众名香妙花供养……修诸净业，发弘誓愿，命终之后，譬如壮士屈申臂顷，即得往生兜率陀天，于莲花上结跏趺坐……是时菩萨随其宿缘为说妙法，令其坚固不退，转于无上道心，如是等众生，若净诸业，行六事法，必定无疑当得生于兜率天上，值遇弥勒，亦随弥勒下阎浮提，第一闻法于未来世"。按照佛教教义，一般将菩萨装弥勒视为上生像，而将佛装弥勒视为下生像。

河北省曲阳县修德寺遗址出土。（冯贺军）

石法练造双思惟像

北齐河清三年（564年）

高33厘米　宽24厘米

———————

　　双思惟左右对称，其中一思惟头部已缺。有二胁侍。基座分上下两层，底层为一童子、两狮子；上层为童子所托之炉和两个供养人，供养人作礼拜状。外侧两力士跨越上下两层。基座两侧雕刻三龛，一上二下，龛内各坐一人。基座背后发愿文："河清三年十一月廿日，佛弟子法练造玉像一区，上为皇帝下，下为师僧父母，过去见在，愿直先方妙洛国土，一时成佛。"

　　河北省曲阳县修德寺遗址出土。（冯贺军）

石高绍伯造观音像

北齐河清四年（565年）

高21厘米　宽11厘米

———————

　　观音头戴三叶花蔓冠，系缯带，有项饰，帔帛在腹部交结，下穿裙。右手持莲蕾，左手握桃形物，跣足直立莲花台上。下为长方形座。座上阴刻发愿文："河清四年四月八日，高绍伯为父母敬造官世音一区，上为皇帝陛下，有为见在眷属，大小平安，居时成之。"（冯贺军）

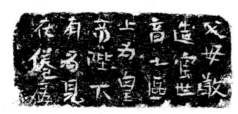

石吴莲花等造佛像

北齐天统元年（565年）

高85厘米　宽58厘米

———————

　　像头、左臂、龙树等部分毁坏，佛双手施禅定印，结跏趺坐于叠涩束腰须弥座上，底部为长方形基座。座前有二弟子，双龙前足一踩踏基座，一踏向须弥座侧面，龙头向下作反顾状，口中吐莲，莲花上为圆莲台，从莲台上残存的双足推测可能为二胁侍菩萨。基座前、后两面刻发愿文："大齐天统元年岁次乙酉七月亲（辛）巳朔十五日乙未。盖道原冲廊，至理幽悬，法胄睢盱，淼然叵识。但群生禀灵，事等两泡，倏忽将移，不殊逝水。且六尘之乐易过，三途之苦难越。如同法义优婆姨等，禀性神机，并合雅叡，晓法识空，体如指掌。知财是败身之毒，明福为依归之幸。舍割资珍，敬造娑罗像一躯，能镂真容，不异右胁初诞，巧镌和光，未殊火儿新见。上为皇帝师僧父母，居眷一切，咸同斯业。其颂曰：法宗冲默，体相叵寻。述徒谓浅，晓者知深。初性未别，禀识有殊。和福保身，财为败躯。""法义吴莲花、法义徐相儒、法义陈方姿、法义续留姜、法义杜要姿、法义主釜贰胜、法义丁始妃、法义郝金妮、法义杨罗姜、法义田绍妃、法义张玉怜、法义王乐胜、法义郝思香、法义师令妃、法义苏六女、法义侯明姿、法义高祖婉、法义张登容、法义王靖云、法义张伯姜、法义史姬女、法义鲁次姜、法义刘双晕、法义孙敬容、法义丁娇女、法义徐惠利、法义宋婉密、法义冯树生、法义展朱女、法义解罗女、法义孙容晕、法义韩要洛、法义聂神妃、法义张大称、法义张香、法义刘靖姿、维那张众□、维那孟次虎。"

　　由发愿文可知这些为女性邑义造像，此类造像通常在发愿文中以"母人""女人""优婆姨（夷）""母邑""清信女"等出现。在姓名上，有时列自己的姓名，有时则以子息某某母的形式出现，或者在丈夫姓名后面添加自己的姓氏。"母人""母邑"应是有子女或已婚的、年龄相对较大者，"女人""清信女"等可能泛指信仰佛教的女性。（冯贺军）

盖道泉沖廊至理幽

懃法冑睢眸淼然巨

諲但群生稟審處巨

雨漁僵忽將祢不殊

近水且六盧之樂易

過三塗之音難義如

同法義優鑒萼曉

牲神樸並合雅氊知

法識安體拍堂明知

財是賤身之毒明福

為依歸之業捨割資

瑤敬造婆羅像一軀

能鑠真容不異右脅

楊誕廾鐫和光未殊

火見新見上為皇帝

歸僧父母居卷一切

感同斯業頌其日

法宗沖默體相匝尋

主廷爰嵬者如桑

石静藏造释迦牟尼佛像

北齐天统二年（566年）
高23厘米　宽26厘米

———————

释迦牟尼佛穿袒右肩袈裟，结跏趺坐于束腰圆台上，胁侍弟子双手捧香宝子立莲台上。长方形基座前正中雕刻二童子托博山炉，博山炉两旁有莲叶、莲蕾，莲蕾含苞欲放，莲叶上为内盛香料的香宝子。博山炉外侧依次为护法狮和力士像。狮子的前腿透雕。基座背面刻发愿文："大齐天统二年四月八日，比丘尼静藏敬造释加白玉像一区，上为国王帝主，师僧父母，己身眷属，边地含生，俱登正道。"

河北省曲阳县修德寺遗址出土。（冯贺军）

石高市庆造双思惟像

北齐天统二年（566年）
高36.3厘米　宽28.5厘米

　　双思惟头戴三叶花蔓冠，脸庞丰满圆
润。上身裸露，佩戴珠宝项饰。基座中间为
半身化生童子双手托举一盘，盘上为博山
炉，炉底部装饰莲花瓣，两只莲茎上各有一
只莲花，莲花上现出化生童子。博山炉两
侧为一对狮子，皆侧身，一足抬起，尾巴上
翘。外侧的力士身躯微呈"S"形。后面阴刻
发愿文："天统二年四月廿日，佛弟子高市
庆共弟妹仰为亡考亡姊亡□现亲，敬造□玉
像一区，愿令亡考亡姊亡弟神栖净土，永利三
徒，现亲延寿，无诸疾苦，居眷大小，咸蒙
此福。"

　　河北省曲阳县修德寺遗址出土。（冯贺军）

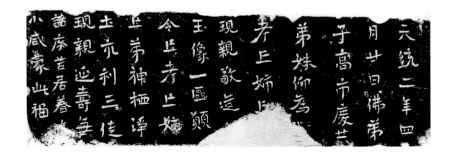

铜鎏金马崇晕造观音像

北齐天统二年（566年）
高14.5厘米　宽5.1厘米

　　舟形火焰纹背光，观音头戴三叶冠，系
宝缯，双手一上举，一下垂，跣足直立在圆台
上，下为四足座。座上刻发愿文："天统二年
五月□□日，中丘县人马崇晕为女掌爱敬造
观世音象一区，有为居家大小，一时成佛。"

　　中丘县，西汉时置，魏晋南北朝时期治
所在今河北省内丘县。（冯贺军）

铜鎏金□建等造观音像

北齐天统二年（566年）
高16厘米　宽6厘米

　　观音头戴三叶冠，缯带垂于两肩，椭圆
形脸，五官清秀，颈戴项圈，身披帔帛，下着
长裙，跣足立于宝装覆莲座上。舟形火焰纹
背光，内为圆形莲瓣头光和双线身光。下方
为四足座，前二足上有圆孔。四足左、后、右
三面刻发愿文："天统二年七月十五日，佛弟
子□建兄弟三人，□敬造观世音像一区，为
亡父母，现在有为，七世父母，因缘眷属，遍
地众生，离苦得乐，一时成佛。"（赵芸格）

石邸唅妃造双思惟像

北齐天统三年（567年）

高40.5厘米　宽35.5厘米

———

　　思惟头戴花蔓冠，半跏趺坐，左右对称。衣褶极简，腿部有双钩阴线，裙边刻一条单线。菩提树背屏前接抱厦佛龛，胁侍菩萨一帔帛在腹前结纽，一帔帛顺体侧垂下。基座前刻二童子托博山炉、护法狮和力士像，后面刻发愿文："天统三年十一月二日，佛弟子邸唅妃为巳父亡兄，见存内亲，敬造玉像一躯，又为居家大小，眷属蒙恩，又自为己身，居家大小眷属等，所愿如是。"

　　河北省曲阳县修德寺遗址出土。（胡国强）

石李兴祖造观音像

北齐天统三年（567年）

高22厘米　宽15厘米

观音头戴三叶宝冠，长方脸，下颌丰满圆润，含胸鼓腹。帔帛从身体两侧垂至膝下，上转缠臂再下垂至莲座。基座右、后、左三面刻发愿文："天统三年五月廿三日，李兴祖身遭患苦，敬造观音白玉象一区，上为皇帝，又为七世先亡，居家眷属等。"

河北省曲阳县修德寺遗址出土。（胡国强）

铜李法□造佛像

北周天和二年（567年）

高9.3厘米 宽3.5厘米

舟形火焰纹背光。佛肉髻宽扁，椭圆形
脸庞，着交领袈裟，施无畏与愿印，跣足立于
圆台上，下以四足高方台相连。四足座四面
刻发愿文："天和二年十四日，佛弟子李法□
为父母，合门大小造像一区。"（赵芸格）

石刘遵伯造西方三圣像

北齐天统四年（568年）
高27厘米　宽23厘米

　　阿弥陀佛身穿垂领式袈裟，结跏趺坐于
束腰莲座上，圆形头光，左右有盘龙之树，龙
爪朝下，龙首向上，口吐莲花。两侧的胁侍缺
失，依据发愿文推测当是观音、大势至二菩
萨。基座上刻有北齐时期常见的童子、博山
炉、狮子、力士组合。基座侧面各有3个供养
人，有的合十，有的持香花，有的持香宝子。
基座后部刻发愿文："天统四年十二月廿九
日，弟子刘遵伯为过见父母、亡姊并眷属怡
及含识造弥陀玉像，观音、大势二菩萨，愿使
存亡并生安乐，俱登佛果。且文殊、文慧、文
欣。""□□尼昙银、昙□、妻张□。""父
始兴、母盖迥、遵伯。"

　　河北省曲阳县修德寺遗址出土。（冯贺军）

石张僧绍造观音像

北齐天统四年（568年）

高22.5厘米　宽10.5厘米

观音头戴三叶冠，舟形背光，背光与衣
纹彩绘。右手握莲蕾，左手持桃形物，跣足立
圆形莲座上，莲座低矮，上刻单瓣莲。长方形
基座三面刻发愿文：“天统四年五月七日，张
僧绍为亡姈造白玉观世音像一区，愿亡姈西方
成佛。”

河北省曲阳县修德寺遗址出土。（冯贺军）

石张藉生造双菩萨像

北齐天统四年（568年）
高36.5厘米　宽18厘米

　　双菩萨头戴三叶宝冠，宝缯垂肩，肩挎
帔帛，帔帛两端从身体两侧下垂。双菩萨均右
手握莲蕾，左手持桃形物，立单瓣覆莲圆座
上。舟形背屏，顶部浮雕二飞天托博山炉，背
面雕桃形屏座。长方形基座正面雕博山炉和
二护法狮，右、后两面刻发愿文："天统四年
正月廿三日，佛弟子张藉生为亡息霍宗敬造白
玉像一区。上为国王，下及编地，后为亡过见
在，俱时成佛。"

　　河北省曲阳县修德寺遗址出土。（胡国强）

铜鎏金张欢造释迦多宝佛像

北齐天统五年（569年）
高15.厘米　宽6.6厘米

释迦多宝佛背屏内雕刻两个独立的舟形
火焰纹背光。双佛高肉髻，穿袈裟，双手施
禅定印，结跏趺坐，下为四足方座。座上刻发
愿文："天统五年三月十二日，佛弟子张欢上
为亡父母，有为居家眷属，造多保像一区。"
（冯贺军）

石张茂仁造双观音像

北齐武平元年（570年）

高32.5厘米　宽27厘米

双观音直立，底座中央为博山炉，两侧
为蹲立的护法狮子。座上刻发愿文："武平
元年八月廿五日，张茂仁为亡父造双观音一
区，愿亡者生天，见存受福，未来现在，俱登
佛果。"（冯贺军）

石赵田姜造佛像

北齐武平四年（573年）
高25.4厘米　宽26厘米

佛圆形头，身披袒右式袈裟，衣褶简洁，
结跏趺坐镂空尖拱龛中，袈裟下摆平铺圆座
上。龙树两侧为胁侍弟子和菩萨，菩萨大部分
已经残缺。基座前雕刻博山炉、护法狮和力士
像，右、后两面刻发愿文："大齐武平四年七
月廿三日，佛弟子赵田姜敬造玉像一区。上为
皇帝陛下，七世先亡，过去父母，兄弟姊妹，
见存男女，居眷大小，一时成佛。"

河北省曲阳县修德寺遗址出土。（胡国强）

石惠善造观音像

北齐武平五年（574年）
高30厘米　宽13厘米

　　观音头戴花蔓冠，身披结组式帔帛。右
手上举持莲蕾，左手下垂握桃形物。背屏光
素，背面底部雕圆形插座。基座三面刻发愿
文："武平五年三月十日，张市寺尼惠善为亡
父敬造伯玉观意（音）像一区。愿使亡者生
天，见在母子，生生世世，直佛问法。"

　　河北省曲阳县修德寺遗址出土。（胡国强）

石李斑姜等造双菩萨像

北齐武平五年（574年）

高24.7厘米　宽15厘米

双菩萨头戴三叶花蔓冠，身披结纽式帔帛。均双手一持莲蕾，一握桃形物，立圆形莲座上。光素背屏，背面雕半圆形插屏座。长方形基座前浮雕博山炉和二护法狮，右、后、左三面刻发愿文："大齐武平五年十一月十一日，佛弟子李斑姜、李照□姊妹为亡父母李丰□造白玉像一区，上为皇帝陛下，一切唅生，俱时成正道记。"

河北省曲阳县修德寺遗址出土。（胡国强）

铜鎏金王永贵造菩萨像

北齐武平五年（574年）

高15.5厘米　宽5.4厘米

　　舟形火焰纹背光，内为圆形莲瓣头光。菩萨头戴花蔓冠，系宝缯，有项饰，右手握莲蕾，左手下垂。身披帔帛，下着长裙，跣足直立圆台上，下为四足座。座上刻发愿文："武平五年四月八日，王永贵愿造像一区供养，为所生父母，因缘眷属及遍地众生，一时成佛。"（冯贺军）

石高修陁造菩萨像

北齐武平六年（575年）
高33.8厘米　宽19.2厘米

菩萨头残，胸有饰物，身披帔帛，帔帛交结在胸前，身佩璎珞，下着长裙。右手持莲蕾，左手握桃形物，跣足直立于低平莲台上。莲台下长方形基座正面开龛，内雕博山炉和护法狮。狮子蹲立，前一足抬起，化生童子仅出现头部，香炉两侧有莲叶装饰。右、后两面刻发愿文："大齐武平六年六月四日，高修陁为亡女金玉敬造白玉像一区，上为皇帝陛下，后为七世先亡，见全眷属，含生之类，同登彼岸。"

河北省曲阳县修德寺遗址出土。（冯贺军）

石王合父造释迦牟尼佛像

北齐武平六年（575年）
高34.7厘米　宽21厘米

佛肉髻，圆脸，修眉细目，大耳下垂。身穿圆领袈裟，双手交握，手心向内，结跏趺坐叠涩束腰须弥座上。尖拱龛，两侧为莲花底座柱，龛内雕刻背光。龛后背刻发愿文："武平六年十一月廿日，佛弟子王合父为亡女敬造白玉世家像一躯。家居成佛。"

河北省曲阳县修德寺遗址出土。（冯贺军）

铜郭清丑造弥勒菩萨像

隋开皇元年（581年）

高11厘米　宽5厘米

———————

　　菩萨束发髻，两侧缯带曲折下垂在两肩。长圆形脸庞，修眉细目，鼻梁高挺。颈佩项圈，上身着僧祇支，下身穿长裙，身披帔帛，帔帛腹前穿环，在身体两侧扬起两角。善跏趺坐，跣足踏在圆形座上，下方为四足座。座上刻发愿文："开皇元年十二月四日，佛弟子郭清丑，为七世父母，所生父母，因缘眷属，造弥勒同像一躯。"（赵芸格）

铜鎏金马元胡等造佛像

隋开皇三年（583年）
高9.5厘米　宽3.4厘米

———————

　　佛圆形肉髻，脸庞长圆，内着僧祇支，外披袈裟，袈裟一角横搭在左小臂上。右手施无畏印，左手施与愿印，跣足立于圆台之上。舟形火焰纹背光，内刻同心圆莲瓣纹头光。下方为四足座。右、后、左三面刻发愿文："开皇三年五月十一日，佛弟子马元胡兄弟二人，母胡，为祖父母，所生父母，合家大小，造像一区。"（赵芸格）

铜殷世德造菩萨像

隋开皇四年（584年）

高9.2厘米　宽3厘米

———

　　菩萨梳高髻，长圆形脸庞，身披帔帛，帔帛腹前交叉，垂于身体两侧，下着长裙，立于圆台上。右手上举持莲蕾，左手下垂。舟形火焰纹背光。下为四足座，右、后、左三面刻发愿文："开皇四年七月四日，佛弟子殷世德造区。"（赵芸格）

石张波造弥勒佛像

隋开皇五年（585年）

高24厘米　宽16.5厘米

———————

　　弥勒佛肉髻，身穿圆领袈裟，右手施无畏印，左手施与愿印，跣足直立莲座上。左右二胁侍菩萨，头戴三叶冠，圆形头光，帔帛交结自双臂处下垂，下着长裙。跣足直立莲座上，底部为莲叶。基座前面雕护法狮、童子托博山炉，右、后两面刻发愿文："开皇五年七月廿七日，为忘息张文学敬造琳（弥）勒像一区。张波为息。"

　　河北省曲阳县修德寺遗址出土。（冯贺军）

石邸仕询造菩萨像

隋开皇六年（586年）

高27厘米　宽12.8厘米

———

　　菩萨头戴花蔓冠，项有饰物，内穿僧祇支，身披帔帛，帔帛于胸前穿璧交结反搭于两臂。右手持莲蕾，左手握桃形物，跣足立圆形莲座上。长方形基座前雕刻博山炉、供养人和护法狮，右、后两面刻发愿文："开皇六年正月廿一日，邸仕询为亡母敬造玉象一躯，愿使阿耶患得早除，故立碑记。"

　　河北省曲阳县修德寺遗址出土。（冯贺军）

铜鎏金释迦多宝佛像

隋开皇六年（586年）

高14.8厘米　宽5.4厘米

舟形火焰纹背光，上部有一坐佛。释迦
多宝佛高肉髻，着袈裟，双手施禅定印，结跏
趺坐，下为四足方座。座上刻发愿文："开皇
六年十一月卅日□□造父母……"（冯贺军）

铜吕子箱等造菩萨像

隋开皇八年（588年）

高12厘米　宽3.6厘米

舟形火焰纹背光，内为圆形莲瓣头光。菩萨头戴三叶冠，右手施无畏印，左手施与愿印，跣足直立在圆台上，下为四足座。座上刻发愿文："开皇八年八月十七日，佛弟子吕子箱、长子建为父母造像一区。"（冯贺军）

铜鎏金孙长文造佛像

隋开皇九年（589年）
高6.5厘米，宽2.5厘米

───────

　　佛圆形肉髻，额前刻发丝，结跏趺坐，着通肩袈裟，袈裟下摆垂于座前。舟形背光，内刻火焰纹，上有顶饰，两侧各有两个半圆形凸起的装饰。下方为外侈四足座。背屏后侧和四足座后侧刻发愿文："开皇九年十二月十一日，佛弟子孙长文造像一区。"
　　（赵芸格）

铜鎏金邵□照造弥勒佛像

隋开皇十年（590年）

高13厘米　宽5.1厘米

———

　　舟形背光，上部刻画莲花，内为圆形莲瓣头光。弥勒佛肉髻，内穿僧衹支，外穿袈裟，右手施无畏印，左手施与愿印，半跏趺坐于叠涩束腰须弥座上。下为四足方座。座上刻发愿文："开皇十年三月十九日，弟子邵□照敬造弥勒像躯，为祖。"（冯贺军）

铜鎏金赵显□造观音像

隋开皇十年（590年）

高14厘米　宽7厘米

———————

　　舟形火焰纹背光。观音头戴三叶冠，跣足直立在圆台上，两侧莲花上各有一合十胁侍菩萨，下为四足座。座上刻发愿文："开皇十年六月十九日，佛弟子赵显□为父母□□□亡□男敬造观世音像一区。"（冯贺军）

石张茂仁造阿弥陀佛像

隋开皇十一年（591年）
高30.3厘米　宽14.5厘米

主尊佛像长圆脸，圆形肉髻，肉髻轮廓线
清晰。身披双层袈裟，内着僧祇支。上衣袒右
式，中衣覆右肩顺体侧直垂而下。施无畏与愿
印，跣足立圆形莲座上。背屏顶部较尖，下部
内收，两侧露出背面插屏座。二胁侍弟子，内
着偏衫，外披袒右式袈裟，双手合十直立。长
方形基座后面刻发愿文："开皇十一年二月八
日，佛弟子张茂仁为亡父母敬造白玉弥陀像一
区，七世先亡，现存眷属，一时作佛。"

河北省曲阳县修德寺遗址出土。（胡国强）

石兰伏回造双观音像

隋开皇十二年（592年）

高27.3厘米　宽15.8厘米

　　双观音头戴花蔓冠，项有饰物，身披帔帛，帔帛于胸前交结反搭于两臂。右手持莲蕾，左手握桃形物，斜披璎珞，跣足立圆形莲座上。长方形基座后、左两面刻发愿文："开皇十二年四月廿五日，兰伏回为亡息洛仁敬造双观音像一躯。"

　　河北省曲阳县修德寺遗址出土。（冯贺军）

铜丁永达造观音像

隋开皇十四年（594年）

高14厘米 宽4.9厘米

————————

　　舟形火焰纹背光，分内外两区，外区饰火焰纹，内为圆形头光。背光顶部较尖。观音头戴三叶冠，身披帔帛，手施无畏与愿印，跣足直立在圆台上，圆台下为四足方座。座上刻发愿文："开皇十四年三月五日，佛弟子丁永达造官世音像一区，合家大小□安心供养。"（冯贺军）

石张晕妃等造双观音像

隋开皇十五年（595年）

高24厘米　宽14.5厘米

———

　　双观音头戴三叶冠，有项饰，上身袒露，下着裙。右手上举持莲蕾，左手下垂握桃形物，跣足立圆形莲台上。下为长方形座。座上阴刻发愿文："开皇十五年七月卅日，清信女张晕妃、妹阿孟为亡父母敬造双观音像一区。"（冯贺军）

石邸善护造观音像

隋开皇十七年（597年）

高24.3厘米　宽10.8厘米

　　观音头戴花蔓冠，有项饰，身披上下
双弧形帔帛。右手上举持莲蕾，左手下垂握
桃形物，跣足立圆形莲座上。背光后有半圆
形插屏座。基座右、后、左三面刻发愿文：
"开皇十七年三月十五日，佛弟子邸善护自
为己身敬造观世音象一区，普为一切众生，
皆登正觉。"

　　河北省曲阳县修德寺遗址出土。（胡国强）

石张士良造双菩萨像

隋开皇十九年（599年）

高33.5厘米　宽18厘米

双菩萨头戴三叶花蔓冠，有项饰，身披交结于腹部的帔帛，下着长裙，一手持莲蕾，一手持桃形物，跣足立莲台上。长方形基座右、后两面刻发愿文："开皇十九年正月十四日，伏弟子张士良为亡父，见前卷属敬造白玉像一区。"

河北省曲阳县修德寺遗址出土。（冯贺军）

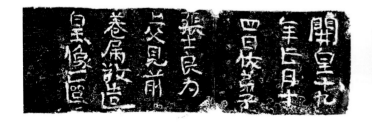

石张苌仁造双菩萨像

隋开皇二十年（600年）
高28厘米　宽15.5厘米

双菩萨头戴三叶冠，宝缯垂肩，右手持莲蕾，左手下抚右足。身披袈裟，内着僧祇支，结跏趺坐。背屏光素，中间镂空。长方形基座正面雕双护法狮、博山炉，后面刻发愿文："开皇廿年，张苌仁敬造玉像囗区，上为……"

从三叶冠与手持莲蕾等特征分析，其应为菩萨造型，但身披袈裟等又是佛像的基本特征。

河北省曲阳县修德寺遗址出土。（冯贺军）

117

石曹买造双思惟像

隋仁寿二年（602年）

高43厘米　宽26.3厘米

———

　　双思惟头戴三叶花蔓冠，头光相连，长圆脸，长眉细眼，高鼻梁，相貌沉静自然。一手支颐，一手扶足踝，半跏趺坐，一足踏莲台，姿势相同，左右对称。两侧立胁侍弟子。基座前面雕刻化生童子托博山炉、护法狮和力士像，背面刻发愿文："仁寿二年五月廿四日，佛弟子曹买为亡父母敬造白玉像一区。上为皇帝及众生，得口离苦。"

　　河北省曲阳县修德寺遗址出土。（胡国强）

铜张通达造菩萨像

隋仁寿四年（604年）

高13厘米　宽4.7厘米

舟形火焰纹背光，分内外两区，外区饰火焰纹，内为圆形莲瓣头光。菩萨头戴三叶冠，右手持莲蕾，左手下垂，跣足直立在圆台上。圆台下为四足方座。座上刻发愿文："仁寿四年四月八日，佛弟子张通达为祖父母造像一区，一心供养，父张德禄、母郅□。"

（冯贺军）

石杜善才造双思惟像

隋大业二年（606年）
高43厘米 宽27厘米

　　双思惟头戴三叶花蔓冠，长圆脸，半跏
趺坐，左右对称。上身裸露，帛带垂座。两侧
立胁侍弟子。基座正面开光，内雕博山炉和护
法狮，背面刻发愿文："大业二年七月八日，
杜善才为亡父母敬造玉象一区，上为皇帝，下
为法戒，居登彼岸。"

　　河北省曲阳县修德寺遗址出土。（胡国强）

石王静□造菩萨像

隋大业四年（608年）
高31.3厘米　宽12.8厘米

菩萨头戴三叶花蔓冠，系缯带，缯带自耳后下垂。项有饰物，帔帛在腹部交结后下垂，右手上举持莲蕾，左手下垂握桃形物，跣足立圆形莲台上。长方形基座右侧面刻发愿文："大业四年十月八日，王静□造象一区。"

河北省曲阳县修德寺遗址出土。（冯贺军）

121

石□如等造双菩萨像

隋大业四年（608年）

高28.2厘米　宽18厘米

———————

　　双菩萨头戴三叶花蔓冠。系缯带，缯带
自耳后下垂。一手持莲蕾，一手持桃形物，身
披帔帛，下着长裙，裙腰外翻。跣足立莲台
上。基座前开龛，内雕博山炉和护法双狮，
右、后两面刻发愿文："大业四年十二月八
日，□如兄弟四人等为亡父母造玉像一区，上
为国王，居登觉道。"

　　河北省曲阳县修德寺遗址出土。（冯贺军）

铜鎏金王莫□造佛像

隋大业五年（609年）
高18.5厘米　宽9厘米

　　镂空火焰纹背光，内为圆形连珠纹头
光。佛高肉髻，面庞椭圆，修眉细目，眼睛略
向下低垂，含有笑意。内穿僧祇支，外披袈
裟。右手施说法印，左手抚膝，结跏趺坐于
束腰仰覆莲座上。左右为二胁侍弟子。下为
四足座。座上有插孔，原插件已失，推测可能
是护法狮子、力士等。背面刻发愿文："大业
五年八月三日，佛弟子王莫□为亡父敬造金
像一区。"（冯贺军）

铜鎏金弥姐训造杨枝观音像

唐武德六年（623年）

高17.5厘米　宽5.1厘米

阴线錾刻火焰纹桃形头光，穿长裙，手持杨枝与净瓶，立于覆莲圆座上。圆座下为方形四足座。座上镌发愿文："武德六年四月八日，正信佛弟子弥姐训为亡子炽造观世音菩萨一区，及为合家大小，普同愿造。"

"弥姐"也作"弥且"，为北朝时期活动在今陕西等地的羌族姓氏。魏晋至隋，在金铜佛像上刻发愿文标明纪年屡见不鲜，皆为惯例。入唐以后，有发愿文者顿减，具纪年发愿文者更少，具武德铭者尤为罕见。此像不仅为我们研究唐初金铜佛提供了时代标准，也为我们研究当时少数民族宗教信仰提供了资料。（冯贺军）

陶法律造多宝塔善业佛像

唐永徽元年（650年）
高11.2厘米　宽9.7厘米

方形，正面中间为佛塔，塔分三层，底层释迦多宝佛并坐，上两层各一坐佛。塔左右有佛、菩萨等，背后印铭为："大堂国永徽年五月，至相寺比丘法律为师僧父母，造多宝佛一部供奉及法界众生铭记。""堂"字当为"唐"的同音俗写字。与此件相同的故宫所藏另一件多宝塔善业佛，正面底部有"为太宗皇帝、师僧父母、十方主，至相寺法津师造多宝塔四万八千部"等字，说明此善业佛是为唐太宗祈福制造的。此处只记"永徽年"，但从相同的多宝塔善业佛可推知为永徽元年。

善业佛亦称善业泥、脱佛、脱塔，是用泥、木、金属等模具压印泥团制成的一种小型佛像。其俗源自古代印度，魏晋南北朝时期传入我国北方地区，唐初时臻至鼎盛。

初唐时期的善业佛，是玄奘从印度归国后所造"十俱胝"素（塑）像。玄奘仿效其印度老师胜军的做法，以长孙皇后、李世民去世为契机，在唐都长安兴起了这一造像活动。造像以慈恩寺、西明寺、至相寺等著名寺院为主，活动得到了李唐政府特别是高宗的大力支持，皇室与高官出资襄助，使得这一愿望得以实现。以空间而论，此一风尚只流行于长安及其周围地区，在距长安并不甚远的东都洛阳，至今未见善业佛踪影。就时间而言，主要出现在永徽、显庆年间，玄奘圆寂后，善业佛制作骤然从巅峰跌至低谷。

（冯贺军）

方形，正面中部为佛塔，塔分三级，上
两层各坐一佛，底层释迦多宝佛并坐，多宝
塔由此得名。画面有十佛、二菩萨、二托塔
力士，构图饱满，左右对称。底部印："从永
徽年起，奉为太宗皇帝、师僧父母、十方主，
至相寺法津师造多宝塔四万八千部。"铭文
中提到的"为太宗皇帝"等内容，表明造像是
为唐太宗祈福的。

至相寺在陕西西安城南约50千米处。建
于隋朝，隋至初唐是寺院最为兴盛的时期，
它是华严宗的祖庭。（冯贺军）

石张惠观等造释迦多宝佛像

唐显庆二年（657年）
高39厘米　宽26厘米

释迦多宝佛螺髻，面庞圆润，眉目清秀，大耳下垂，双手一施无畏印，一下垂扶膝。身穿袈裟，结跏趺坐于长方形须弥座上。须弥座底部较高，中间束腰狭促，上部为仰莲，下部为双瓣覆莲，四角前有小柱，后面与背屏连为一体。背屏后面刻发愿文："显庆二年六月八日，比丘尼张惠观奉为皇帝及师僧父母、法界含灵，敬造多宝释迦像二躯，虔心供养。比丘尼孙皆念供养。观门徒惠藏、惠常等供养。"

河北省曲阳县修德寺遗址出土。（冯贺军）

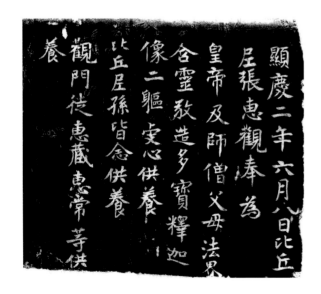

石刘三娘等造双阿弥陀佛像

唐开元十年（722年）

高36厘米　宽41厘米

　　佛头已失，双阿弥陀佛造像左右对称，内穿僧祇支，胸系带，外穿袈裟，结跏趺坐，一手施无畏印，另一手扶膝，身躯结实，丰润饱满。长方形须弥座，束腰部分为两个六棱柱，柱正面中心各雕刻一朵莲花，四角及中部共有6个力士扛托像座。座前刻发愿文："开元十年正月廿三日，刘三娘、妹五娘、嫂郭，为亡过父母、七代先亡，敬造玉石双身弥陁象一区，合家供养佛时。"

　　河北省曲阳县修德寺遗址出土。（冯贺军）

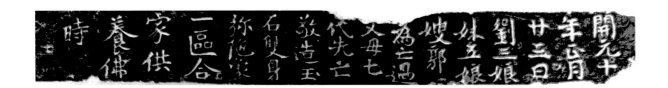

石党宝宁等造阿弥陀佛像

唐开元二十四年（736年）

高39厘米　宽22.5厘米

　　佛头已失，身穿袈裟，内着僧祇支。结跏趺坐于束腰须弥座上，座中间方柱四面雕刻伎乐。长方形基座前、右、后三面刻发愿文："开元廿四年六月廿八日，党宝宁、弟宝□、弟奴子等为亡过父敬造弥陁像一躯，合家供养。"

　　河北省曲阳县修德寺遗址出土。（冯贺军）

石邸延果等造佛像

唐天宝五年（746年）
高31厘米　宽17厘米

———

　　佛头部残缺，内穿僧祇支，胸部系带，外穿圆领袈裟，右手施无畏印，左手扶膝，结跏趺坐。身体及衣纹采用圆雕手法。底为六角面柱形座，共3层，由下向上递减，中为圆形束腰。正面与右侧刻发愿文："天宝五载十一月八日，邸延果、弟□、弟广朝、丁氏、女六娘、□卢氏、女二娘，为亡过父、见存母敬造玉石像一铺，合家供养。"

　　"载"即"年"。唐朝自天宝三年（744年）起至至德二年（757年），颁诏明令，称载不称年，此当依令而行的结果。

　　唐朝佛像形体更加丰满圆润，特别是开元、天宝间的作品，佛、菩萨、力士等更注重肌体的真实再现。

　　河北省曲阳县修德寺遗址出土。（冯贺军）

木雕彩绘郭有英造罗汉像

北宋庆历六年（1046年）
高55厘米　宽21厘米

罗汉光头，头偏向左，身穿袈裟，双手相交于两膝之间，倚坐在镂空山形座上。座正面中央阴刻发愿文："连州客人郭有英舍钱刁造罗汉，舍入南华寺永供养。庆历六年十……"

南华寺位于广东省韶关市曲江区正南10多千米处。寺建于南朝梁武帝天监年间（502~519年），由印度到中国传教的智药三藏修建的，初名"宝林"。唐时禅宗六祖慧能在此传经授法，南华寺遂在禅林中享有很高的声誉，成为南中国最负盛名的佛教寺院。这些罗汉像曾在明永乐二十年（1422年）、成化十七至十八年（1481~1482年）、清光绪二年（1876年）、民国二十三年（1934年）四次妆銮，但基本保持原貌。木雕罗汉像雕造于北宋庆历五年至八年（1045~1048年），是由客居广州的连州、泉州、衢州、潮州人捐资修造，在广州雕成后运至曲江的，初为500尊，现存360尊。从发愿文看，其捐造目的多是为家庭祈福，"保安吉""乞延寿平安"、追荐亡人早生净土。所用木材多数为柏木，少数为楠木、樟木、檀香木等。

（冯贺军）

木雕彩绘郭有英造罗汉像

北宋庆历六年（1046年）

高58厘米　宽25厘米

———

罗汉光头，面庞略长，眉目清秀，长鼻大耳，身穿袈裟，双手相交于左膝上，右腿抬起，左腿直立下垂，下为镂空山形座。座正面中央阴刻发愿文："连州郭居弟子郭有英雕造尊者，舍南华寺永充供养。庆历六年十一月日谨题。"（冯贺军）

木雕彩绘曾二娘等造罗汉像

北宋庆历七年（1047年）

高55厘米　宽20厘米

　　罗汉光头，面庞略长，颊颐略显圆润，大耳下垂。身穿袈裟，右手支撑在座后，左手置左膝上，原持之物已失。右腿直立，左腿平抬起，呈半跏之姿，下为山形座。座正面中央阴刻发愿文："广州女弟子曾二娘、三娘雕造尊者舍南华寺供养，为亡弟六郎生界。丁亥正月五日。"此处丁亥对应北宋庆历七年（1047年）。（冯贺军）

木雕彩绘杨琪等造罗汉像

北宋庆历七年（1047年）

高56厘米　宽24厘米

罗汉光头，长眉粗浓，眉角下垂，双目低视，高鼻梁，大耳下垂。身穿袒右肩袈裟，右臂抬起，左手扶于抬起的右足上，半跏趺坐于镂空山形座上。座正面中央阴刻发愿文："广州庚戌生弟子杨琪同室朱氏四娘舍尊者入南华寺供养，保庆清吉。庆历七年二月日□。"（冯贺军）

木雕彩绘莫惟宗造罗汉像

北宋庆历七年（1047年）

高57厘米　宽21厘米

———————

　　罗汉光头，长眉粗浓，眉角下垂，双眼微睁，大耳下垂。身穿袈裟，双臂上扬，两手已残失。结跏趺坐，腿、足被袈裟遮盖，下为山形座。座正面中央阴刻发愿文："广州庚午生弟子莫惟宗收赎尊者入南华寺供养。庆历七年二月日谨题。"（冯贺军）

木雕彩绘陈振等造罗汉像

北宋庆历七年（1047年）

高54厘米　宽24厘米

罗汉光头，长眉粗浓，眉角下垂，双眼微睁，大耳下垂。身穿袈裟，双手交握胸前。结跏趺坐，腿、足被袈裟遮盖，下为山形座。座正面中央阴刻发愿文："广州商居客人陈振同妻杨氏一娘舍钱雕造尊者入南华寺，永充供养。庆历七年六月日题。"（冯贺军）

木雕彩绘郝璋造罗汉像

北宋庆历七年（1047年）

高57厘米 宽22厘米

罗汉面长圆，耳长垂，半跏趺坐，两手缺失，作闭目静心状。身穿交领宽袖袈裟，纹理疏密得当，起伏平缓。座前刻发愿文："广州弟子郝璋雕造尊者南华供养，为男和尚保安吉。丁亥九月造。"

宋人崇拜与热衷禅学，对罗汉的高尚道德及济世怜贫、超尘脱俗、无拘无束、无敌无畏的精神十分敬仰与偏爱，罗汉在宋代成为佛教艺术创作的重要题材。（田军）

木雕彩绘吴世质造罗汉像

北宋庆历七年（1047年）

高59厘米　宽23厘米

　　罗汉光头，面庞略长，身穿裂裟，左手支撑在山形座上，半跏趺坐。下为山形座，座正面中央阴刻发愿文："连州弟子吴世质为男盘会保平安者。丁亥十月题。"（冯贺军）

木雕彩绘吴世质造罗汉像

北宋庆历七年（1047年）

高55厘米　宽23厘米

　　罗汉光头，头略偏，眉目清秀，神态
自然，似为一年少沙弥，两耳略向外翻，左
臂扶倚座子，右手置放在右膝上，呈游戏坐
姿，下为山形座。座正面中央阴刻发愿文：
"连州弟子吴世质为男盘会保安吉。丁亥
题。"（冯贺军）

木雕彩绘吴世质造罗汉像

北宋庆历七年（1047年）

高54.5厘米　宽21厘米

———

　　罗汉像由底座和造像两部分组成，罗汉坐姿，身穿袈裟，袒胸，面微侧，一腿跷起，搭于另一腿膝盖上面。底座为束腰须弥座，正面刻发愿文四行："连州弟子吴世质为男盘会保平安。丁亥。"（冯贺军）

木雕彩绘罗汉像

北宋庆历七年（1047年）

高52厘米　宽23.5厘米

　　罗汉光头，头偏向左，眉毛修长，眼角含有笑意，尖鼻。身穿袈裟，右手扶于右腿上，左手臂抬起，置放在左膝上，手中托有经卷。游戏坐姿，下为山形座。座正面中央阴刻发愿文："泉州弟子……舍尊者为母……丁亥十月□□题。"（冯贺军）

木雕彩绘罗汉像

北宋庆历七年（1047年）

高56厘米　宽23厘米

———

　　罗汉光头，长眉粗浓，眉角垂至面颊之侧，双耳下垂，几近肩部。身穿袈裟，半跏趺坐，下为山形座。座正面中央阴刻发愿文："广州弟子主座雕罗汉堂，丙丘僧追荐亡妣郑十三娘生界，舍入南华永充供养。丁亥庆赞记。""丙丘"应是"比丘"的误刻。

　　此像外表有涂朱、施金、贴纸、油墨等多种装饰方法，是不同时期的孑遗，为我们了解不同时期的装饰方法提供了实物资料。

（冯贺军）

石张凑等造圣僧像

北宋元符三年（1100年）
高92.5厘米　宽40厘米

圣僧头戴僧帽，僧帽自耳部向后收，披于肩背。面庞稍长，细眉秀目，直鼻，口微合。穿袈裟，结跏趺坐，手持禅定印。石座前刻发愿文："唐县东闾乡南赤村张凑、妻赵氏合家一十五口，共发愿心，造石圣僧一尊，永为供养。时元符三年七月二十四日建。谨记。"

此圣僧从形象上判断应是僧伽像。唐宋以降，佛教信仰进一步世俗化，不仅原有神祇神格发生了变化，为了现世的需要，还创造了许多新神祇。僧伽有二意：其一为佛教名词，即僧团，一般需要四人以上。普通称比丘、比丘尼、沙弥、沙弥尼为四僧伽。其二为僧人名，也称泗洲和尚或泗洲圣僧，俗姓何，为中亚何国人。公元661年前后来中国，在临淮建普光王寺，后受唐中宗礼遇，延请至长安，终于荐福寺，归葬临淮。宋朝以降，有关僧伽的神话盛行于世，僧伽崇拜成为民间重要信仰之一。

此尊为家庭发愿供养，且形体高大，目前尚未发现相同者。它是北宋民间佛教信仰的重要文化遗存。（冯贺军）

铜文妙大师等造百佛牌

金皇统八年（1148年）

高16.5厘米　宽9.5厘米

牌正面铸铜佛一百，行列各十。背面以回纹为装饰纹样。四角各一小狮，中间为长方形钮，两侧为兽首。内边缘处铸阳文两列："河东南路都僧录特授赐紫文妙大师等广施。""皇统戊辰岁次十一月日记，平阳府李稀造。"中间有"唵叱林""唵啮林""唵部林"等字。

文妙大师造百佛铜牌，故宫博物院共藏有3件，两件相同，即上文所描述者，还有1件，上部铸刻"唵叱林""唵啮林""唵部林"，下部铸刻"河东路""平阳府""李稀造"。河东南路为金代十九路之一，下辖二府、六十八县、二十九镇，平阳府即为其一。平阳府属县包括临汾、襄陵、洪洞、赵城、霍邑、汾西、岳阳、浮山、和川、冀氏，相当于今山西南部一带。

文妙大师造百佛牌，至迟在清嘉庆时期，已被当时的金石学家及收藏家注意。张廷济《清仪阁题跋》及罗振玉《金泥石屑》均有著录。这种牌有的称"万佛牌"，有的称"千佛牌"，名称不一。因其正面佛像行列各十，故我们称其为百佛牌。（冯贺军）

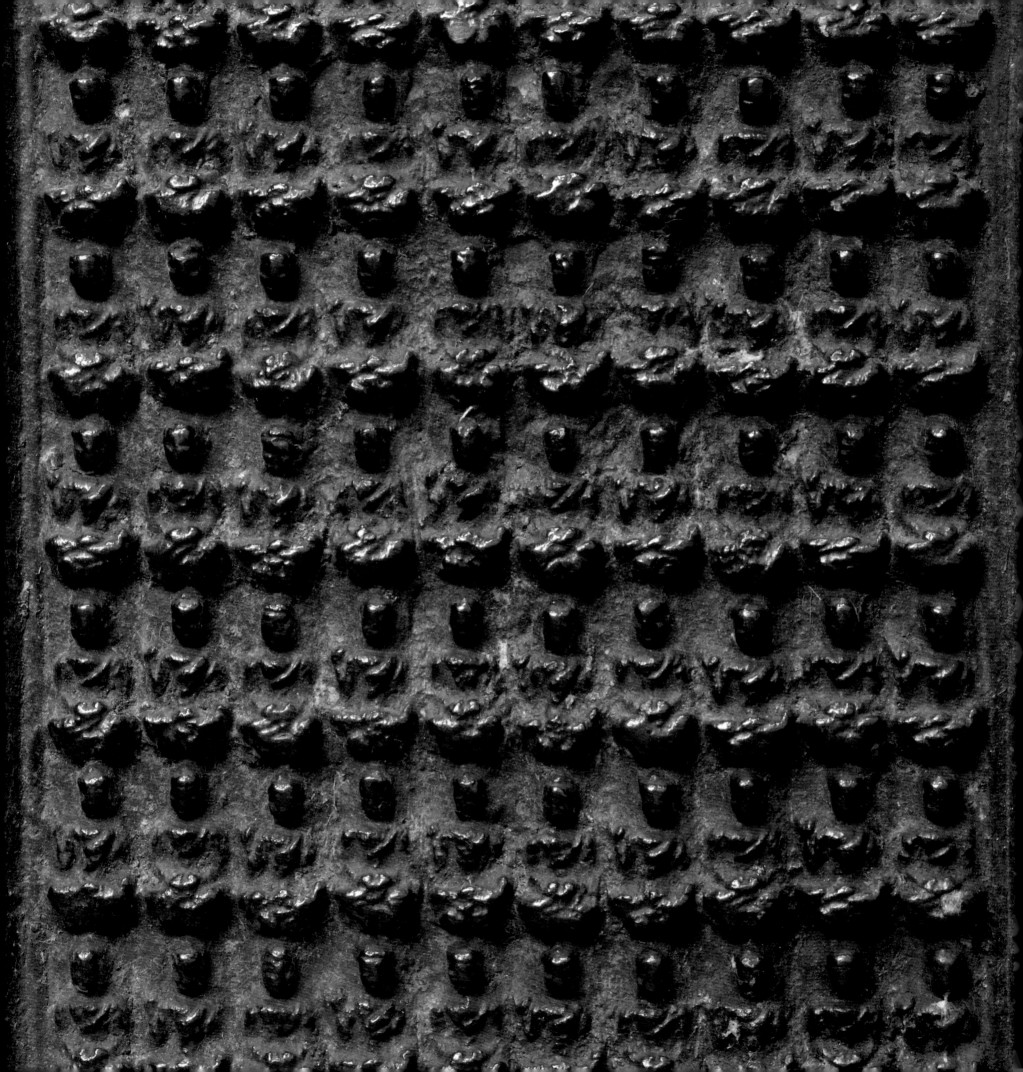

铜鎏金高全信等造文殊像

元大德九年（1305年）

高18厘米　宽13厘米

———————————

　　文殊头戴五叶冠，系宝缯，缯带在耳后弯曲上扬，面广额方，双眼略向下视，大耳垂珰，胸饰璎珞，双手相交，两肩处有莲花，结跏趺坐，底座为仰覆莲座，仰莲瓣略短，覆莲瓣稍细长，莲座上下层各有一周镶嵌整齐的连珠纹。底板有十字杵图案，并阴刻发愿文："奉佛高全信一家，舍财造文殊师利一尊，报答父母养育之恩，一切众生共成佛道。大德九年五月十五日记耳。"

　　此文殊菩萨像为清宫瓷库旧藏，瓷库建在紫禁城慈宁宫西墙外玉带河之西，此建筑现已无存。（冯贺军）

铜智威睐等造释迦牟尼佛像

元至元二年（1336年）
高21厘米　宽15.8厘米

释迦牟尼佛螺髻，弯眉细目，眉间有白
毫，尖鼻，大耳，着袒右肩袈裟，左手施禅
定印，右手施触地印，结跏趺坐于仰覆莲座
上。座后刻发愿文："出家释子智威睐，丁男
仲仁贵、仲仁智、仲仁寿，信眷杨氏单奇一
家善眷等发心铸释迦佛，一家南无诸佛，加
被星天，护持此世来生，福报无尽。岁次丙
子至元二年八月望日谨题。"

元朝至元年号共有两个：一为元世祖忽
必烈年号（1264～1294年），一为元惠宗妥
懽帖睦尔年号（1335～1340年），属丙子年
的为元惠宗年号，故至元二年应为1336年。

元代金铜佛像具纪年者比较少，此像具
有典型的"梵式"造像特征，是研究元代佛
教造像的珍贵资料。（冯贺军）

铜鎏金周府造佛像

明洪武二十九年（1396年）
高5.7厘米　宽3.5厘米

　　佛螺髻，左手施禅定印，右手施触地印，身着袈裟，结跏趺坐于莲台上。莲台下为六角束腰须弥座，须弥座上刻发愿文："周府欲报四恩，命工铸造佛相一样五千四十八尊，俱用黄金镀之，所以广陈供养，崇敬如来，吉祥如意者。洪武丙子四月吉日施。"

　　周府可能是周王府简称。《明史》卷一百十六载，朱元璋第五子朱橚，初封吴王，洪武十一年（1378年）改封周王，十四年就藩开封。二十二年，朱橚弃藩就凤阳，帝怒，使居京师，二十四年归藩。后因有谋逆嫌疑，复召还京，锢之。成祖入南京，复爵。洪熙元年（1425年）薨。河南鄢陵乾明寺出土的嘉靖二十七年（1548年）开封府周王妃造佛像，即是其后人所为。上述造像反映出明代王府热衷佛教造像这一现象。（冯贺军）

铜鎏金周府造佛像

明洪武二十九年（1396年）

高6厘米　宽3.5厘米

　　佛螺髻，左手施禅定印，右手施触地印，身穿袈裟，结跏趺坐于莲台上。莲台下为六角束腰须弥座，须弥座上刻发愿文："周府欲报四恩，命工铸造佛相一样五千四十八尊，俱用黄金镀之，所以广陈供养，崇敬如来，吉祥如意者。洪武丙子四月吉日施。"（冯贺军）

铜鎏金释迦牟尼佛像

明永乐（1403～1424年）

高22厘米　宽13.7厘米

释迦牟尼佛像，绀青螺发，顶有鎏金宝珠，面庞圆润，额有白毫，修眉细目，双眼略向下视，直鼻，唇微张，双耳下垂，耳垂中空。颈施三道弦纹，身穿袒右肩袈裟，结跏趺坐，右手施触地印，左手结禅定印。底座为双层仰覆莲座，仰莲瓣略短，覆莲瓣稍细长，仰覆莲瓣之间夹成锐角，莲座底部略大于上部，莲座上下层各有一周镶嵌整齐的连珠纹。"大明永乐年施"款錾刻在基座上部中间部位。（冯贺军）

铜鎏金宝生佛像

明永乐（1403～1424年）

高21厘米　宽13.5厘米

────────

　　宝生佛为五方佛之一。其头戴五叶宝冠，面庞圆润丰满，额有白毫，修眉细目，直鼻，双唇微合，大耳饰珰。头系缯带，下垂至双肩，肩披帔帛，袒上身，胸饰璎珞。右手结与愿印，左手施禅定印，结跏趺坐。下为饰有连珠纹之仰覆莲座。莲座上部正中阴刻"大明永乐年施"楷书款。（冯贺军）

铜鎏金弥勒菩萨像

明永乐（1403~1424年）

高23厘米　宽14厘米

弥勒面相方中见圆，丰满端正，五官匀称，眉眼细长，静穆柔美中略带笑意。细腰宽肩，肩、腰呈倒三角形，肩上有莲花与壶各一。宝冠、璎珞、项饰、耳珰等装饰繁缛。底座为双层仰覆莲，莲座上下各有一周镶嵌整齐的连珠纹，座上部中间錾刻"大明永乐年施"款。（冯贺军）

铜鎏金文殊像

明永乐（1403~1424年）
高20.5厘米　宽14.5厘米

文殊头戴宝冠，绀发，宝缯在耳后扎花结，呈"U"字形，面庞方形，修眉细目，眼睛微闭，庄重中蕴含慈祥，鼻高直，耳朵饰珰。颈有三道，胸饰璎珞，穿帔帛，下身穿裙，双手持莲茎，两肩各有肩花一朵，肩花上为经箧和宝剑，结跏趺坐，臂、腕、足有钏。双层仰覆莲座，有连珠纹装饰，上部錾刻楷书"大明永乐年施"款。（冯贺军）

铜鎏金文殊像

明永乐（1403～1424年）

高26.3厘米　宽17.7厘米

　　文殊头戴宝冠，三股束发髻。方额圆脸，细眉长眼，高鼻梁棱角分明，嘴角内收含笑，神态温和慈祥。帔帛宽肩下垂，在体侧盘成环状，下端呈燕尾状。下着裙，裙摆铺座，裙边卷曲成波浪形。仰覆莲座，卷草形花纹莲瓣，前刻"大明永乐年施"款，款识笔锋平直坚硬。原装底板，中间刻画十字交杵。（胡国强）

铜鎏金观音像

明永乐时期（1403～1424年）
高19.5厘米　宽12厘米

　　观音头戴五叶冠，略向左倾，面庞圆润，修眉细目，直鼻，双唇微闭。上身袒露，胸饰璎珞，左手持经箧，右手触莲台，两肩处各有一带茎莲花，游戏坐姿，右足下有莲花承托，坐在仰覆莲台上。台座上阴刻楷书"大明永乐年施"款。（冯贺军）

铜鎏金观音像

明永乐（1403~1424年）
高21厘米 宽12厘米

　　观音头略偏，戴五叶宝冠，缯带束发，
耳缀圆形花瓣珰，胸饰璎珞，左手曲肘，手持
佛经，右手持莲枝，支撑于座上。右足下踏
小莲蓬，左足背稍稍搭在右腿上。莲台左侧
楷书"大明永乐年施"款。（冯贺军）

铜鎏金绿度母像

明永乐（1403～1424年）
高19厘米　宽11厘米

———————————

　　绿度母头戴花蔓冠，七股束发髻，长圆脸，细眼微睁，高鼻梁棱角分明，嘴角内收含笑，神态温和慈祥。丝绸质地般帔帛垂坠，尾端内掖臀下。下着裙，背后裙褶左右对称。盘左腿平铺座面，右腿下垂踏莲台。仰覆莲座，卷珠形花纹莲瓣。莲座前刻"大明永乐年施"款。（胡国强）

铜鎏金金刚持像

明永乐（1403～1424年）

高21厘米　宽13厘米

金刚持头戴花蔓冠，七股束发髻，方额圆脸，细眉长眼，高鼻梁棱角分明，嘴角内收含笑，神态温和慈祥。身披帔帛，尾端内披臀下。下着裙，裙摆铺座，裙边呈波浪纹。仰覆莲座，卷珠形花纹莲瓣。莲座前刻"大明永乐年施"款。原装底板。（胡国强）

铜鎏金金刚萨埵像

明永乐（1403～1424年）
高21厘米　宽15厘米

金刚萨埵头戴宝冠，额头开天目，细眉修长，眼睛圆睁，头系缯带，下垂至双肩，双肩披帔帛，缠绕双臂，胸饰璎珞。右手所持法器已失，左手握铃，结跏趺坐，下为饰有连珠纹之仰覆莲座。莲座上部正中阴刻楷书"大明永乐年施"款。（冯贺军）

铜鎏金尊胜佛母像

明永乐（1403～1424年）
高19厘米 宽12.5厘米

尊胜佛母是藏传佛教造像中长寿三尊之
一，是毗卢遮那佛的化身。此像三头八臂，手
中分持十字交杵、羂索、弓、宝瓶、阿弥陀佛
像、弓箭等，结跏趺坐。座前左右下垂二飘
带，从腿下前伸至座前。底板中刻阴阳纹，外
为杵状物，有连珠纹装饰。座前刻"大明永
乐年施"款。（冯贺军）

铁錽金大黑天像

明永乐（1403～1424年）

高21厘米　宽15.5厘米

大黑天像通身黑色，以应大黑天之名。其双目圆睁，卷云状须眉，发髻中坐化佛一尊，一手持银制钺刀，一手托嘎巴拉碗，双腿短粗，足下踏人，披珠网璎珞，帛带飘举。莲座莲瓣窄长，尖端饰曲卷象鼻花纹。座面居中阴刻楷书"大明永乐年施"款。卷发、须眉、宝冠、璎珞、飘带、莲座等处錽金。

大黑天为"玛哈嘎拉"的俗称，"玛哈嘎拉"是梵语的音译，藏名为"滚波恰珠巴"，是藏传佛教中重要护法神之一，其形象有二臂、四臂、六臂数种。（冯贺军）

161

琉璃佛像

明永乐二十一年（1423年）
高21.5厘米　宽14.6厘米

　　佛螺髻，大耳，面颊略长，右手下垂，左手持钵，身穿袈裟，结跏趺坐，底为仰覆莲座。以蓝色为底衬，上部有"永乐寺佛塔"，两侧有"京西宝君山永乐寺用""大明永乐二十一年造"等字。背面6道凸起横棱，为与塔体镶贴之用，顶部尚印有"大明官窑"四字。

　　永乐时期盛行使用琉璃修造佛塔，南京大报恩寺塔便是永乐皇帝为其生母所造。京西宝君山永乐寺，目前尚未发现文献记载。

（冯贺军）

铜鎏金观音像

明宣德（1426～1435年）
高25.5厘米　宽17.8厘米

观音头戴五叶冠，略向左倾，面庞圆
润，修眉细目，双耳垂珰。上身袒露，下身穿
短裙，胸饰璎珞，左手持经箧，右手触莲台，
两肩处各有一带茎莲花，观音游戏坐于仰覆
莲台上。台座上阴刻楷书"大明宣德年施"
款。（冯贺军）

铜鎏金李福善等造佛像

明正统三年（1438年）
高31.5厘米　宽21.5厘米

佛绀色螺髻，白毫处嵌有饰物（疑为后添），修眉细目，直鼻梁，大耳下垂。身穿袒右肩袈裟，右手施触地印，左手施禅定印，结跏趺坐，下为仰覆莲花座。座上下各有一周连珠纹，底边上沿阴刻楷书发愿文："大明正统三年四月吉日，奉佛弟子李福善同室妙通，发铸造三世佛一堂，永远供养，吉祥如意。"底板有十字杵等图案。此像受到了永乐、宣德造像风格的影响。（冯贺军）

铜鎏金观音像

明正统六年（1441年）

高25厘米　宽17厘米

　　观音头戴五叶冠，冠上有化佛。头微
倾。胸饰璎珞，肩披帔帛，手持莲茎。莲茎
缠绕至肩部。右舒相坐，下为仰覆莲座。莲
座背面下部阴刻楷书"正统六年七月吉日
造"款。

　　此像有永乐、宣德造像风格，但在材
质、比例、造型和精美程度上，仍逊色不少。
（冯贺军）

铜高义造地藏像

明正统九年（1444年）
高21厘米　宽17.5厘米

地藏作沙门形象，光头，额有白毫，双眉修长，两睛微闭，大耳下垂，身穿袈裟，袈裟幅边有装饰。结跏趺坐，左手平置腹前，托宝珠，右手握拳，中空，下为须弥座，座前正中有一小狮子，仰头向上。座上刻"大明正统九年岁次甲子，造佛人高义"款识。

地藏因"安忍不动犹如大地，静虑深密犹如秘藏"而得名，与文殊、普贤、观音并称为中国四大菩萨。他处于释迦涅槃之后、弥勒未生之前，发誓要尽度六道众生，拯救诸苦，始愿归成正果，因此也被称为"大愿菩萨"。供养地藏，可得土地丰壤、家宅永安、先亡生天、现存益寿、所求遂意、无水火灾、虚耗辟除、杜绝噩梦、出入神护、多遇圣因等十种利益。

地藏形象出现在北凉时期，唐、五代、两宋时期广为流行，并持续到明清。其形象主要有沙门、菩萨两种。沙门形象一般身穿袈裟，一手持锡杖，一手持宝珠。此像左手托有宝珠，右手中空，推测原来所握者为锡杖。地藏信仰与观音信仰有相似的地方，均有不同的化身，救人于危难苦困之中，观音侧重于阳世，地藏侧重于阴间。地藏常与六道、十王等联系在一起。他脚下常有一个小狮子，敦煌文献《道明和尚还魂记》记载道明和尚"见一禅僧，目比青莲，面如满月，宝莲承足，璎珞庄严，锡振金环，衲裁云水"。其旁有一狮子，道明询问缘由，答曰："此是大圣文殊菩萨化现在身，共吾同在幽冥救诸苦难。"由此可知此小狮子实际上是文殊菩萨的化身。（冯贺军）

铜臧福胜等造无量寿佛像

明景泰五年（1454年）

高15.3厘米　宽9厘米

————————

　　无量寿佛头戴五叶宝冠，缯带束发，耳缀圆珰，胸饰璎珞，双手托宝瓶，结跏趺坐，下为饰有连珠纹之仰覆莲座。莲座下缘阴刻发愿文："景泰五年九月吉日造。信士臧福胜、男臧监、口男臧泉。"（冯贺军）

琉璃圆通造文殊像

明成化二十一年（1485年）
高134厘米　宽68厘米

　　文殊修眉细目，双眼微合，直鼻，大耳，面相沉静庄严，结跏趺坐，双手相叠，山字形座。底座前有文殊的坐骑狮子。背部刻有"修造僧人圆通系山西平阳……"等字。此文殊像与观音像、普贤像为一组，其时间也应是成化二十一年。（冯贺军）

琉璃李清净等造普贤像

明成化二十一年（1485年）
高134厘米　宽68厘米

　　普贤修眉细目，双眼微合，直鼻，大耳，面相沉静庄严，结跏趺坐，双手相叠，山字形座。底座前有普贤的坐骑白象。背部刻有："河南道汝宁府汝阳县黄里保栗□□舍地盖堂，地主胡□明在外，计□花名，胡泰广室人李氏清净、刘志广室人吴氏、李纪室蘭氏、女善人万氏四姐、黄喜同男黄贵、闵琥室人杨氏、吴连通室人陈氏、黄钺室人郑氏，共成普贤菩萨一尊。钧州神后镇琉璃匠人刘振、男刘瑞示。"

　　发愿文中不仅标明了造像者的姓名，还有工匠的姓名与籍贯。从工匠籍贯可知河南禹州市等地也有制作琉璃的传统，为我们研究明代琉璃的制作，提供了新的资料。此像与观音、文殊等为一组，是由寺院僧人组织善男信女们捐资修造的，其时间也应是成化二十一年。（冯贺军）

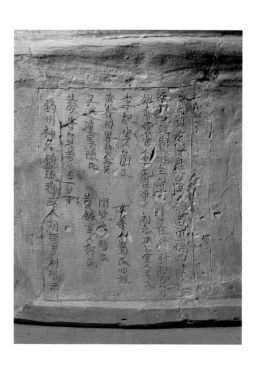

琉璃胡□明等造观音像

明成化二十一年（1485年）

高134厘米　宽68厘米

———

　　观音头冠上有化佛，结跏趺坐，胸饰璎珞，双手相叠，山字形座。底座前原应有龙，已失。琉璃以绿、黄为主。背部刻有"功德主胡□明、黄氏妙容、长男胡应琦、胡应林、胡应山、胡应朝、男妇妙果、妙镇、妙缘、妙全。""成化二十一年七月吉日造。"从发愿文中可知这是一件家庭造像。但从妇人皆用法名推测，她们是实际的信奉者与供养人。（冯贺军）

琉璃杨□等造罗汉像

明成化二十一年（1485年）
高121厘米　宽61厘米

罗汉面颊丰满圆润，眉清目秀，口微闭，大耳，为一年轻僧人形象。身穿袈裟，袈裟以绿、黄为主，边缘饰精美的花纹图案，衣纹简洁自然。身后墨书"功德施主杨□同妻杨张氏，化主道济，匠人刘□。成化二十一年十月初一日"等字。

传统琉璃以山西河津、太原、阳城和山东博兴最为著名，河南禹州市等地也有制作。明清时期琉璃造像并不少见，但记录明确时间和制造者的却较少。据《中国文物报》2011年4月27日刊载，河南南阳武侯祠藏有两尊刻有发愿文的弥勒像，一件为："成化二十年中秋吉日，信士人党磷妻景氏，化主道济，匠人刘镇。"另一件为："成化二十年中秋吉日，信士人郭□弥勒佛一尊，化主道济。"武侯祠所藏琉璃像，原存于南阳东南20余公里的云朝寺，后移入武侯祠。从发愿文中可以推断故宫博物院所存这尊琉璃像，与武侯祠所藏琉璃像应出自同一化主，即僧人道济，而匠人则为刘镇（振）。据《钧州志》记载，钧州在明朝例有琉璃匠人服务于官府，为宫廷烧制各种器物，这表明明朝钧州地区琉璃烧制已经达到相当高的水平。

（冯贺军）

铁姚举造罗汉像

明弘治十年（1497年）
高117厘米　宽74厘米

罗汉前额突出，双眉粗长，眼睛略向下视，鼻直口方，大耳。身穿袈裟，结跏趺坐。袈裟前右下铸有阳文："大明弘治丁巳年造，太监姚举施。"该像原应有座，已失。原有可能为一组十六或十八罗汉像中的一件。

太监姚举，主要活动在明孝宗、明武宗时期，任内官监太监，曾镇守江西。太监信佛，历朝皆有，如唐朝太监高力士便多次为寺院布施。但如明朝这样信仰者之众，却比较少见。从《日下旧闻考》等文献中可知京城及其附近许多庙宇修建供养，都与太监有关。太监信奉佛教，除本身笃信佛教、期冀来世人性不再被扭曲外，更重要的是向帝后邀宠。明代帝后信佛者不乏其人，太监投其所好，许多发愿文中都明确写有奉为某某皇帝、皇后敬造，或者皇帝万岁万万岁等字样。（冯贺军）

铜姬名等造佛像

明弘治十五年（1502年）
高21.5厘米　宽14.8厘米

佛结跏趺坐束腰仰覆莲台座上，右手
施触地印，着右肩半披式袈裟。座后刻发愿
文："弘治十五年正月二十三日造修。善人姬
名、妻薄氏、男姬惠。"推测为释迦牟尼佛成
道像。（田军）

铜赵亮等造佛像
明正德六年（1511年）
高36.4厘米　宽23.5厘米

　　佛结跏趺坐束腰仰覆莲座上，结禅定印，着右肩半披式袈裟。座背面刻发愿文："正德六年，信士赵亮，弟赵和、云南造。"（田军）

铁和氏等造宝月光佛像

明正德十年（1515年）
高50厘米　宽32厘米

　　佛像螺髻，面庞圆润，修眉细目，大耳下垂。身穿袈裟，结跏趺坐，下为仰覆莲座。背后铸阳文："宝月光佛。文水县武安都高来妻和氏、高□妻张氏。正德十年六月吉日造。"（冯贺军）

铜贾郝等造佛像

明嘉靖元年（1522年）
高25.5厘米　宽16.7厘米

佛高螺髻，额有白毫，大耳下垂，身穿袈裟，手施禅定印，结跏趺坐于仰覆莲座上。座上刻发愿文："嘉靖元年七月□，造佛信士贾郝、□阎氏。"（冯贺军）

铜可聪造观音像

明嘉靖六年（1527年）

高23.5厘米　宽16.4厘米

观音结跏趺坐，面阔而方，冠前面中央
饰化佛，上罩披风，双手交叉于袖内。背部刻
发愿文："嘉靖六年□日造。可聪。"

面阔而方是明永乐年间藏传金铜佛像
的典型特征，此像继承了这一表现形式。
（田军）

铁宋文峰等造佛像

明嘉靖七年（1528年）

高36.8厘米　宽24厘米

佛像高肉髻，卷发。身穿袈裟，双手相交于胸前，结跏趺坐，下为莲花座。背后铸阳文："嘉靖七年六月造。宋文峰、李的全。"（冯贺军）

铜鎏金陈佐造文殊像

明嘉靖十一年（1532年）
高41.8厘米　宽30厘米

———————

　　文殊头束发箍，条发顺肩垂下，面形方
颐，耳阔长垂，双目慈蔼下视，身披宽袖花边
大衣，双领下垂，胸部袒露，善跏趺坐在卧
狮背上。狮身下有仰覆莲椭圆形基座。座下
边缘刻发愿文："大明嘉靖十一年初八父讳
日，男陈佐发心追造。"另一件普贤像，藏于
首都博物馆。推测原可能为华严三圣一组。

　　此像铜质良好，鎏金均匀，莲座与狮子
造型精致，雕工纯熟，是明代金铜佛像中的
上品。（田军）

铜鎏金佛像

明嘉靖十二年（1533年）
高18.5厘米　宽13.5厘米

———————————

佛高螺髻，额有白毫，大耳下垂，身穿
袈裟，右手施说法印，左手抬至胸部，结跏
趺坐于仰覆莲座上。座上刻发愿文："嘉靖
十二年十一月吉日。"（冯贺军）

铜观音像

明嘉靖十九年（1540年）

高23.6厘米　宽24.3厘米

观音宝冠双层镂空，中有化佛，右手竖
持如意，左手上扬，双肩有肩花，左肩花上为
经箧。半跏趺坐，左足踏小莲台上。有坐骑
狮吼，狮吼下为莲花座。座后刻发愿文："直
隶保定蠡县十八□社蒲凹村龙泉寺，造佛方
□，嘉靖十九年正月十六日。"（冯贺军）

181

铜郝氏造观音像

明嘉靖二十三年（1544年）
高16.7厘米　宽8.5厘米

观音头束发箍，发辫从脑后双分，至肩部下垂。面庞圆润，表情温和。袒胸，胸饰璎珞，臂、腕有钏，下穿长裙。左手持经卷，左腿抬起，右腿前伸，呈自在之姿，圆形莲花座，一莲蕾从前部展开，托起右足。像背后刻发愿文："嘉靖二十三年造佛……郝氏。"
（冯贺军）

182

铜鱼篮观音像

明嘉靖二十四年（1545年）
高42厘米　宽14.5厘米

　　观音束发，上身穿右衽衣，衣袖宽大，外覆帔帛，下穿长裙。左手持一篮，篮内有鱼一尾。跣足直立在莲花座上。莲座背后阴刻"嘉靖廿四年十二月造"。

　　鱼篮观音最初称马郎妇，后来在民间演变成提鱼篮的形象。明代宋濂《鱼篮观音像赞》："陕右金沙滩上，有美艳女子，挈篮鬻鱼，人争欲室之。"万历皇帝的母亲李太后亲绘鱼篮观音图，并勒石流传，鱼篮观音遂成为明清时期常见的一种观音造型，深受信众的喜爱。（冯贺军）

铜和□等造佛像

明嘉靖二十八年（1549年）

高25.5厘米　宽16厘米

　　佛像头戴宝冠，缯带下垂，大耳饰铛。面庞方正，细目微合。胸饰璎珞，身穿袒右肩袈裟，左手持药钵，右手上扬，两指拈一药丸，结跏趺坐于仰覆莲座上。座背面刻有发愿文："信士和□、室人王氏、长男和闰、室人杜氏、次男和闵、室人冯氏、次和闵孙男和丑儿拜见。嘉靖二十八年五月二十八日造。"此像造型较为特殊，一般之璎珞，多饰于菩萨胸前，故此像是否为药师佛，尚待研究。（冯贺军）

铁李□乾等造佛像

明嘉靖二十九年（1550年）

高34.5厘米　宽16.5厘米

佛像螺髻，修眉，双眼细长，口微闭，大耳。身穿袈裟，内束带，结跏趺坐于宝装莲有束腰双层座上。座后铸有阳文发愿文："山西泽□州福星坊李□乾同妻蔡氏造佛二尊。马门头古铁斋□千佛。嘉靖二十九年。"（冯贺军）

铜王就都等造佛像

明嘉靖四十二年（1563年）
高25.3厘米　宽5.5厘米

佛结跏趺坐束腰仰覆莲座上，右手施触地印。推测为释迦牟尼成道像。座后刻发愿文："崞县王就都信士造佛。杨代、妻程氏、男杨彦，嘉靖四十二年六月吉日造。"

崞县属于太原府，在今山西原平与代县之间。（田军）

铁普贤像

明万历七年（1579年）

高50厘米　宽26.5厘米

———

普贤头戴宝冠，修眉，双眼微含笑意，大耳，面颊丰满。身穿袈裟，胸饰璎珞，腰间束带。右腿抬起，压在左膝上，左足下有小莲台相承，半跏趺坐于莲花座上，下为跪卧之象，象下为长方形座。座背后铸阳文发愿文："……万历七年造……匠人栗天凰、栗天皎。"（冯贺军）

铜观音像

明万历十年（1582年）
高33厘米　宽14厘米

观音头戴花冠，头发束髻。胸饰璎珞，
呈自在之姿，坐于莲花座上。莲花座侧下有
残存双足，推测原为善财童子。承接莲花座
的为前方后圆四足座，座后下方铸有阳文
"万历十年吉日造"发愿文。（冯贺军）

琉璃佛像

明万历十二年（1584年）

高43厘米　宽18.5厘米

佛像由背屏、佛像、佛座三部分插合而成。背屏外缘为黄釉火焰纹，内为绿釉，上书"万历十二年五月吉日造佛"。坐佛内穿僧祇支，外穿袈裟，结跏趺坐在莲花座上，下为蓝釉束腰须弥座。

此类相同的文物，故宫共藏有47件，它们应是一组，供奉于某一寺庙，地点可能在今山西省。（冯贺军）

189

铜张才等造佛像
明万历十三年（1585年）
高28.3厘米　宽17.5厘米

　　佛螺髻，内穿僧祇支，腰间系带，外穿
袈裟，右手抚膝，左手抬起，结跏趺坐于莲
花座上。座背面刻发愿文："万历十三年造。
张才、田氏。"（冯贺军）

铜观音像

明万历十五年（1587年）

高28厘米　宽15厘米

———————

　　观音头戴宝冠，修眉细目，双眼略向下视。胸饰璎珞，外披帔帛，腰间束带。右手扶膝，右腿抬起，左手托净瓶，左腿平置，呈游戏坐姿。座正面为一龙，龙身下为海水波涛。座两侧有残像痕迹，推测为善财与龙女。像背面铸有阳文发愿文："万历十五年五月造成。"（冯贺军）

铜许早造观音像
明万历二十五年（1597年）
高24.5厘米　宽12.7厘米

观音结跏趺坐台座上，施禅定印，戴
筒形冠。台座左侧为鹦鹉，右侧为净瓶。像
背座刻发愿文："信士许早诚心敬铸观音一
尊，于家中奉祀，祈保合家清泰，人丁兴旺
事。万历丁酉岁八月吉日铸。""南丰邓洛
造。"南丰属于建昌府，即今江西省南丰县。
（田军）

铁文殊像

明万历三十三年（1605年）

高47厘米　宽25厘米

————————

　　文殊头戴宝冠，修眉，双眼微含笑意，大耳，面颊丰满。身穿袈裟，胸饰璎珞，腰间束带。双手一上举，一手中持物。结跏趺坐于莲花座上，下为狮子，狮子下部为长方形座，座背后铸阳文发愿文："万历三十三年九月造。"

　　此像与栗天凰造普贤像为一对，同铸造在万历三十三年（1605年），应出自匠人栗天凰等人之手。（冯贺军）

铁普贤像

明万历三十三年（1605年）

高47.5厘米　宽26厘米

　　普贤头戴宝冠，修眉，双眼微含笑意，大耳，面颊丰满。身穿袈裟，胸饰璎珞，腰间束带。双手一上举，一置足上。结跏趺坐于莲花座上，下为跪卧之象，象下为长方形座。座背后铸阳文发愿文："万历三十三年九月，匠人栗天凰。"（冯贺军）

米色釉蒋元裕造布袋和尚像

明万历（1573～1620年）
高9.3厘米　宽14厘米

　　此像釉面呈淡黄色，有冰裂纹。布袋和尚跣足席地游戏坐，身旁有一布袋，右手执布袋的系绳。光头大脑，长眉笑目，两耳垂肩。身着宽袖僧衣，袒胸露腹，开怀畅笑。像底部有"万历年弟子蒋元裕塑"款。

　　布袋和尚为唐末明州（今宁波）奉化神僧，传其人行动奇特，临终前口念"弥勒真弥勒，分身千百亿，时时示时人，时人不自识"的偈语，被人称为弥勒化身。北宋以降，弥勒佛通常用布袋和尚形象表现出来，但已超出了弥勒作为未来救世主的含义，更多地象征着吉祥与富足，表现了人们对美好生活的憧憬。（田军）

铜鎏金四臂观音像

清康熙二十五年（1686年）
高72厘米　宽60厘米

观音一面四臂，头戴花蔓宝冠，发髻上缀摩尼宝珠。柳叶眉，双目微闭，着大耳珰，颈有项饰，胸佩璎珞，全身镶珍珠、宝石。袒上身，左肩披仁兽皮。结跏趺坐，下承仰覆莲座，莲瓣雕卷云纹。莲座下边阴刻汉、满、蒙、藏四种文字，汉文为："大清昭圣慈寿恭简安懿章庆敦惠温庄康和仁宣弘靖太皇太后虔奉三宝，福庇万灵，自于康熙二十五年岁次丙寅，恭奉圣谕，不日告成，永念圣祖母仁慈垂佑众生，更赖菩萨感应，圣寿无疆云尔。"像原供奉在慈宁宫大佛堂东暖阁。由发愿文可知此像是康熙二十五年（1686年）玄烨为其祖母铸造的。

仁兽，形似山羊而小，毛短薄，色微黄，脊毛纯黑色。天性最慈，为人忘己，故被称为"仁兽"。早期的仁兽皮披法，头部多在腹部中央，如杭州元代飞来峰造像中的四臂观音像就是例证。清代的披法则为头前尾后，斜披左肩上，以头皮遮住像身左乳。据已有像例分析，仁兽仅出现在观音和弥勒菩萨像上。（冯贺军）

五彩刘桂生造观音像

清康熙五十五年（1716年）
高33.5厘米　宽18.5厘米

观音头发盘髻，披风帽，面庞丰腴呈椭圆形，眼微闭。上胸袒露，饰以璎珞，手施禅定印，结跏趺坐于莲花圆台上。下承以方台座。座前墨书："信士弟子刘桂生敬请观音大士壹尊，祈保合家清吉，福寿康宁，人财兴旺，康熙丙申年仲冬月吉旦。"康熙丙申年为康熙五十五年（1716年）。（冯贺军）

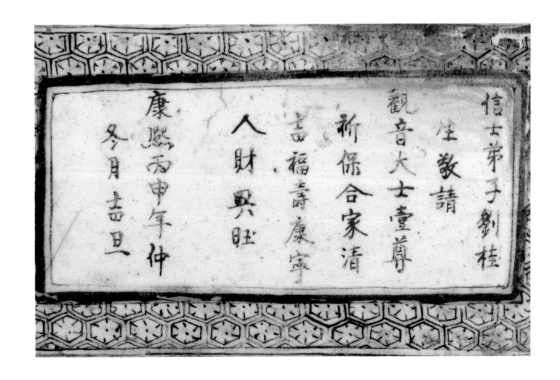

信士弟子劉桂
坐敬請
觀音大士壹尊
祈保合家清
吉福壽康寧
人財興旺
康熙丙申年仲
冬月吉旦

银镀金六世班禅像

清乾隆四十六年（1781年）
高73.8厘米　宽47厘米

　　班禅头戴尖顶通人冠，额间有白毫，面颊丰颐，身穿袈裟，右手施说法印，左手置腹前，结跏趺坐，下为仰覆莲座。

　　班禅是班禅额尔德尼的简称，班是梵语，意为"精通五明的学者"，禅是藏语"大"的意思，额尔德尼是满语，意为"宝"。六世班禅本名贝丹益西，意译吉祥智。他于乾隆三年（1738年）在后藏向扎喜策转世，三岁时坐床。乾隆皇帝为庆贺自己的70大寿，于乾隆四十三年（1778年）邀请六世班禅进京。次年六世班禅从西藏扎什伦布寺启程，经青海、内蒙古等地到达承德。乾隆皇帝对六世班禅的到来极为重视，一路命王公大臣等护迎，不断派人问候，赠送珍贵礼品。并在承德仿照扎什伦布寺修建须弥福寿之庙，以为班禅下榻之地。六世班禅在觐见乾隆皇帝并参加祝寿宴会等一系列活动后，离承德经古北口至北京，住在西黄寺。由章嘉国师等陪同游览皇家胜景与佛教圣地，并在雍和宫为乾隆皇帝传授佛法。乾隆四十五年（1780年），六世班禅因水土不服等原因在西黄寺圆寂。乾隆皇帝御赐7000两黄金制造天降金塔，安置班禅法身，并将灵塔运往扎什伦布寺。扎什伦布寺僧众造了一座大银塔，将御赐金塔供奉在内。乾隆皇帝还铸造银镀金六世班禅像置放在北京皇宫、雍和宫和承德避暑山庄供养，足见其对六世班禅的尊敬与怀念。此尊造像是清朝藏传佛教发展史上重要的历史物证。（冯贺军）

铜紫金琍玛宗喀巴像

清乾隆四十六年（1781年）
高59厘米　宽27.5厘米

像身用紫金琍玛制成，背光镶嵌有松
石、珊瑚、珠宝等，华盖下为上乐金刚。宗喀
巴光头，修眉细目，颊颐丰满，面含笑意，身
穿袈裟，双手施转法轮印，肩头莲花上为经箧
与宝剑，结跏趺坐，下为莲花座，莲花座下为
双狮子方座，上嵌松石等以为装饰。像背后
刻有汉、藏、蒙、满四种文字，汉文为："乾
隆四十六年岁在辛丑冬十月吉日，奉旨照西
藏扎什伦布式成造紫金利益琍玛宗喀巴，永
兴黄教，普证圆成，吉祥如意。"

琍玛是藏语合金铜的意思，紫金琍玛是
指加入各种珍贵材质的合金铜，清乾隆年间
宫中造办处首创。

此像是清宫造办处仿照六世班禅进贡的
原西藏扎什伦布宗喀巴像而成，原存紫禁城
梵华楼内。宗喀巴本名罗桑扎巴，青海湟中
县人。因藏语称湟中为"宗喀"，故被尊称为
宗喀巴。他是藏传佛教格鲁派（黄教）的创
立者和佛教理论家。（冯贺军）

乾隆四十六年歲在辛丑冬十月吉日奉

旨照西藏扎什倫布式成造欵金利益琍

瑪宗喀巴永興黃教普證圓成吉祥如

意

乾隆四十六年歲在辛丑冬十月吉日奉
照西藏扎什倫布式成造紫金利益琍
瑪宗喀巴永興黃教普證圓成吉祥如
意

银镀金三世章嘉像

清乾隆五十一年（1786年）
高75厘米　宽53厘米

———

　　此三世章嘉像，头戴尖顶通人冠，面颊丰颐，身穿袈裟，右手施说法印，左手置腹前，结跏趺坐，下为仰覆莲座。

　　三世章嘉名若必多吉，甘肃凉州人。4岁于青海西宁郭隆寺（后名佑宁寺）坐床，雍正二年（1724年）到北京，参与蒙藏事务，为边疆安宁与民族和睦起到了重要作用。

　　乾隆五十一年（1786年）三世章嘉圆寂后，乾隆皇帝特命宫廷匠师制作了这尊银镀金像，供奉在雨花阁东配殿三世章嘉的影堂内。从形象分析当是按照其真容铸造的。

　　影堂是指纪念祖先或德高望重之人的建筑物。这类建筑物室内通常陈设被纪念者的影像或遗物，供后人瞻仰凭吊。高僧大德尤有被供奉在影堂的传统。（冯贺军）

铜紫金琍玛无量寿佛像

清乾隆五十五年（1790年）
高20.5厘米　宽12.5厘米

由背光、无量寿佛、底座三部分分铸后
插合而成。背光呈葫芦状，外饰火焰纹，头
光及身光中央透空。无量寿佛由紫铜锤打制
成，头戴宝冠，面泥金，颈饰璎珞，臂饰宝
钏，穿袒右肩衣，衣饰下垂至底座正面中央，
双手原应托宝瓶（宝瓶已失），结跏趺坐。底
座外侈，四角饰变形莲花纹，正中錾刻"大
清乾隆庚戌年敬造"，像身系有黄签："览利
益紫金琍玛无量寿佛，五十五年四月十五日
收造办处呈。"此像系造办处为乾隆八十圣
诞铸造。（冯贺军）

铜鎏金观音像
清乾隆（1736～1795年）
高34厘米　宽20.5厘米

————

　　观音头戴五叶宝冠，额前系宝缯，缯带
下垂，双耳饰珰。上身袒露，胸饰璎珞，双肩
有莲茎，结跏趺坐莲花座上。莲花座下部已
失，正面上刻楷书"大清乾隆年敬造"款。
（冯贺军）

金釉无量寿佛像

清嘉庆（1796～1820年）
高16.5厘米　宽11厘米

无量寿佛螺髻绀发，额有白毫，修眉细目，高鼻梁，双眼含笑，大耳下垂，身穿袒右肩袈裟，双手托宝瓶，结跏趺坐，下为圆形覆莲座。座底边有一周连珠纹，底座有篆书"大清嘉庆年制"款。（冯贺军）

出版后记

《故宫经典》是从故宫博物院数十年来行世的重要图录中，为时下俊彦、雅士修订再版的图录丛书。

故宫博物院建院八十余年，梓印书刊遍行天下，其中多有声名皎皎人皆瞩目之作，越数十年，目遇犹叹为观止，珍爱有加者大有人在；进而愿典藏于厅室，插架于书斋，观赏于案头者争先解囊，志在中鹄。

有鉴于此，为延伸博物馆典藏与展示珍贵文物的社会功能，本社选择已刊图录，如朱家溍主编《国宝》、于倬云主编《紫禁城宫殿》、王树卿等主编《清代宫廷生活》、杨新等主编《清代宫廷包装艺术》、古建部编《紫禁城宫殿建筑装饰——内檐装修图典》数种，增删内容，调整篇幅，更换图片，统一开本，再次出版。唯形态已经全非，

故不再蹈袭旧目，而另拟书名，既免于与前书混淆，以示尊重；亦便于赓续精华，以广传布。

故宫，泛指封建帝制时期旧日皇宫，特指为法自然，示皇威，体经载史，受天下养的明清北京宫城。经典，多属传统而备受尊崇的著作。

故宫经典，即集观赏与讲述为一身的故宫博物院宫殿建筑、典藏文物和各种经典图录，以俾化博物馆一时一地之展室陈列为广布民间之千万身纸本陈列。

一代人有一代人的认识。此次修订再版五种，今后将继续选择故宫博物院重要图录出版，以延伸博物馆的社会功能，回报关爱故宫、关爱故宫博物院的天下有识之士。

2007 年 8 月